MODERNE HÄUSER
in regionaler Tradition

Johannes Kottjé

MODERNE HÄUSER
in regionaler Tradition

Bewährte Bauformen neu interpretiert

Deutsche Verlags-Anstalt

INHALT

EINFÜHRUNG

Wer in früheren Zeiten ein Haus baute, verwendete in der Regel Materialien, die er in der näheren Umgebung vorfand. Der Entwurf des Hauses richtete sich danach, was mit diesen Materialien und den vorhandenen Hilfsmitteln konstruktiv machbar war und danach, welche örtlichen Anforderungen zu berücksichtigen waren. Insbesondere die Besonderheiten des Baugrunds und die Witterungseinflüsse spiegelten sich auch in der Gestaltung von Gebäuden: Auf felsigen, wind- und schneereichen Bergrücken baute man in gedrungenen Formen, in feuchten Tälern hob man die Häuser durch massive Sockel vom Boden ab. So entstanden Bauformen, die für bestimmte Regionen typisch wurden, manchmal ergänzt durch Zierelemente wie Schnitzereien, Wandmalereien oder reliefartige Ausschmückungen von Wandoberflächen, die sich zu regionalen Traditionen entwickelten.

Seit einigen Jahren gibt es eine zunehmende Rückbesinnung auf „Regionales“. Insbesondere ist dies bei Lebensmitteln zu beobachten, für die mit der Herkunft „aus der Region“ als vermeintliches Qualitätsmerkmal geworben wird. Doch auch in der Architektur werden regionale Bezüge für immer mehr Bauherren und Architekten wieder von Bedeutung. So erfreulich dies in vieler Hinsicht ist: Ob bei Konsumgütern oder in der Architektur, die Berufung auf die Region sagt zunächst einmal noch nichts über die tatsächliche Qualität eines Produkts aus. So entpuppt sich manch ein als „regionaltypisch“ angepriesenes Haus letztlich als aufgehübschte Banalität. Grund dafür ist meist, dass viele Bauherren, Bauträger, Projektentwickler, aber auch einige Architekten Architektur und Innenraumgestaltung lediglich als Aneinanderreihung einzelner Attribute betrachten, mit denen sich jede beliebige Haushülle „verzieren“ lässt. So wird dann ein und dasselbe „Typenhaus“ mal als „bayerisches Bauernhaus“ und mal als „Villa im Bauhausstil“ angeboten, unterschieden nur durch unterschiedliche Dachformen, Fenster, Fußböden, Innentüren und Accessoires – das kann es nicht sein!

Vielmehr ist die Gestaltung eines Hauses grundsätzlich eine komplex verwobene Einheit – auch einen gekonnten Stilmix schließt das nicht aus –, die von mehreren Einflussfaktoren bestimmt wird. Dazu zählt, dass sich die Anforderungen an ein Wohnhaus während der letzten beiden Jahrhunderte massiv verändert haben. Selbst wer sich etwa für ein Fachwerkhaus aus dem 17. Jahrhundert begeistern kann, möchte heute nicht

Nachhaltigkeit

Regionales Bauen im traditionellen Sinne bedeutet immer auch, nachhaltig zu bauen: Materialien aus der Region bedingen kurze Transportwege, zudem gehört die Wahl natürlicher Materialien wie Holz oder Naturstein in den meisten Fällen mit zum Konzept. Diese sind nicht nur langlebig, sondern auch zeitlos, da sie weniger modeabhängig sind als industriell hergestellte Materialien mit „designter“ Oberfläche. Besonders gilt dies für Materialien in ihrem natürlichen Aussehen. So werden etwa heimische Hölzer nie wirklich unansehnlich, während besonders dunkel gebeizte oder aufgehellte Varianten stärker von Trends abhängen und häufiger aus rein optischen Gründen erneuert werden, ohne dass es technisch notwendig wäre.

Ähnliches gilt für die Formgebung beim regionalen Bauen: Klassische Formen, die sich über Jahrhunderte hinweg in ihrer Grundstruktur erhalten haben, werden auch in Jahrzehnten kaum den Wunsch nach Erneuerung wecken – anders als solche, die aus einem kurzzeitigen Trend heraus entstanden sind.

hinter den ursprünglichen, dünnen Außenwänden, unter einem ungedämmten Dach und ohne jede sanitäre Ausstattung leben. Es ist also ohnehin notwendig, alte Bauformen heutigen Erfordernissen anzupassen – weshalb dann nicht auch in ihrer Gestaltung? Auch historisch betrachtet ist dieses Vorgehen legitim: Das oberbayerische Bauernhaus gibt es ebenso wenig wie das norddeutsche Reetdachhaus oder das historische Stadthaus. Auch in früheren Jahrhunderten entwickelte sich die Architektur beständig weiter. Wenn uns heute historische Straßenzüge in Städten oder im Kern erhaltene alte Dörfer harmonisch zusammenhängend und homogen erscheinen, liegt dies selten an einheitlicher Gestaltung im Detail – im Gegenteil: Wer historische benachbarte Häuser genau vergleicht, wird oft enorme Unterschiede feststellen.

Dass städtebauliche Ensemble, deren einzelne Bauten vom Mittelalter bis zum Beginn des 20. Jahrhunderts entstanden, dennoch meist sehr harmonisch wirken, liegt nicht an jahrhundertelangem Nachahmen, sondern an der Übernahme einiger weniger, aber bedeutender Faktoren. Neben den oft ähnlichen, da kontinuierlich regional verfügbaren Materialien spielen hier insbesondere die Proportionen und die Maßstäblichkeit der einzelnen Baukörper eine wesentliche Rolle, in vielen Fällen aber auch prägende Materialien oder konstruktive Elemente. So kommt hier etwa der Dachform und -neigung, dem Verhältnis von Gebäudebreite, -höhe und -tiefe oder Fenstereinfassungen aus einem typischen Material eine wesentlich größere Bedeutung zu als reinen Zierelementen. Hinzu kommt, dass sich die Proportionen und der Maßstab von Gebäuden früher meist an dem orientierten, was vom Menschen als harmonisch empfunden wird (siehe Kasten oben). Dies änderte sich insbesondere durch moderne Bebauungspläne und das rein wirtschaftlich begründete Bestreben, deren zulässige Grenzen soweit nur irgendwie möglich auszunutzen.

Was ist eine Region?

Die Frage nach der Definition des Begriffs Region erscheint nur auf den ersten Blick überflüssig: Fragt man mehrere Leute danach, wird man etliche unterschiedliche Antworten erhalten. Eigentlich nicht verwunderlich, lässt sich doch der Begriff an mehreren Anhaltspunkten festmachen. So gibt es geografische Regionen, etwa Mittelgebirge oder die Ostseeküste. Es gibt Regionen, die sich als Umkreis einer Stadt definieren und solche, die einen ländlichen Raum umfassen. Es gibt historisch gefügte Regionen, etwa frühere Fürstentümer und neuzeitliche,

oben und unten Blick von der Loggia eines modernen Holzhauses in Bizau/Vorarlberg auf ein von Holzhäusern unterschiedlicher Bauzeiten geprägtes Dorf. Obgleich ganz modern, fügt sich der schlichte Satteldachbaukörper mit Holzschindelfassade gut in sein gewachsenes dörfliches Umfeld. (Entwurf und Fotos: k_m architektur)

rechte Seite Als schlichter Baukörper mit hoch aufragendem Satteldach greift dieses Haus eine früher in vielen Regionen beliebte Bauform auf – hier in Mittelfranken, entworfen von Hans Kneidl, Weiden. (Foto: Johannes Kottjé)

etwa eine Industrieregion bezeichnende. Die unterschiedlichen Eingrenzungen führen zu Überschneidungen und zu kleineren Regionen als Bestandteil von größeren.
Wenn es um das Aufgreifen regionaler Bautraditionen geht, muss die Definition in jedem Einzelfall neu gefasst werden. So gibt es traditionelle Merkmale, die früher weite Landstriche prägten, aber auch Gestaltungselemente, die in dieser Form speziell in einem Dorf vorkamen. Es kann sowohl seine Berechtigung haben, sich an den Häusern des eigenen Straßenzugs zu orientieren, wie auch, in ein Neubaugebiet, das von „Toskana-" und „Schwedenhäusern" geprägt ist, ein Haus zu bauen, das tatsächliche regionale Formen aufnimmt.
Einige Bauformen finden sich in unterschiedlichsten Regionen in ähnlicher Form. Dies betrifft insbesondere einfache Häuser: schlichte Satteldachbauten, verputzt oder mit Sichtfachwerk ausgeführt, früher oft als Bauernhäuser eher armer Gegenden, später als typische Siedlungshäuser. In solcher Schlichtheit wird oft nichts Regionaltypisches erkannt oder es wird darauf ver-

Materialien

Abgesehen von Gebäudeform sowie Anzahl und Größe der Fenster bestimmt nichts so sehr den Charakter eines Hauses oder eines Raumes wie die Oberflächenmaterialien. Nie war die Auswahl größer als heute, nie ließen sich verblüffendere Effekte erzielen. Und dennoch stellt man schnell fest, dass sich eine behagliche Atmosphäre nach wie vor am besten mit wenigen, ganz traditionellen Materialien erzielen lässt. Holz, Putz, Keramik, Textilien – mehr braucht es eigentlich nicht als diese zeitlosen Materialien, bei denen lediglich Farbgebung und Oberflächenstruktur Moden unterworfen sind.

Menschlicher Maßstab und Proportionen

Ob wir einen Raum als groß oder klein ansehen, hängt zunächst mit dem Verhältnis seiner Größe zur menschlichen Körpergröße zusammen. Daneben gibt es die Relation der einzelnen Maße eines Raumes zueinander: Ein Raum, der zehnmal so tief wie hoch ist, wird als gedrungen wahrgenommen; ist er fünfmal so tief wie breit, wird er als schmal empfunden – unabhängig von den absoluten Maßen. Manche Proportionsverhältnisse empfinden wir als besonders harmonisch, andere als unharmonisch. In der Regel nehmen wir dies unbewusst war, fühlen uns in einem Raum wohl oder unwohl, unabhängig von seiner Ausgestaltung, allein aufgrund der Proportionen seiner Maße.
Es lässt sich nicht allein rational begründen, wovon es abhängt, ob wir Maßverhältnisse als harmonisch empfinden, doch bauen sämtliche architektonische Theorien von der Antike bis in die Neuzeit auf Lehren zu Proportionen und Maßstäblichkeiten auf. Gleich ob der in der Antike sogar als göttlich angesehene „Goldene Schnitt" oder LeCorbusiers „Modulor": Unabhängig vom theoretischen Ansatz sind die Ähnlichkeiten im Ergebnis verblüffend. Ebenso faszinierend: Bei früherer Hocharchitektur – also etwa Kirchen und Repräsentationsbauten – fanden die Lehren von harmonischen Proportionen zwar ganz bewusst und durchgängig Anwendung, doch auch bei historischen Bauernhäusern finden sie sich vielfach. Errichtet ohne jeden architekturtheoretischen Hintergrund, zeigt sich hier ein ganz natürliches menschliches Empfinden für Harmonie, und sogar unter statischen Gesichtspunkten können als harmonisch empfundene Proportionen von Vorteil sein, was sich etwa an manch einer Fachwerkfassade ablesen lässt.
Erst in den letzten Jahrzehnten traten der menschliche Maßstab und harmonische Proportionen beim Bauen immer mehr in den Hintergrund, und das Bewusstsein dafür wurde mehr und mehr durch einen falsch verstandenen Funktionalismus und inhaltsleeren Formalismus ersetzt.

wiesen, dass ein derartiges Haus „überall“ zu finden sei. Hier liegt die irrige Annahme zugrunde, jede Region müsse völlig individuelle Merkmale in der architektonischen Gestaltung aufweisen – doch für die Frage, ob sich ein Gebäude in seine Umgebung einfügt, ist ohne Belang, ob dieses Gebäude sich ebenso in einer anderen Gegend einfügen würde.
Regionale Stilelemente bei Wohnhäusern ergaben sich, wie dargelegt, ursprünglich überwiegend aus der Funktion und dem Machbaren, nicht aus abstraktem Gestaltungswillen. Es wurde nicht bewusst regionaltypisch gebaut auf der Suche nach Identifikation, sondern die Identifikation der Menschen mit einer Region ergab sich durch das ohnehin Vorhandene. Die Gestaltung des Gebauten war Teil eines Ganzen, zu dem insbesondere die Landschaft, aber auch das Brauchtum gehörte.
Wenn heute wieder „regional“ gebaut wird, steht dahinter auch der Wunsch nach Identifikation mit einer Region und der Wunsch, manch einer Region ein überhaupt identifikationsfähiges Gesicht wiederzugeben.

Die Büropartner von Arc Architekten: Stefan Kohlmeier, Michael Leidl, Manfred Brennecke, Florian Riesinger (v.l.n.r.. Foto: Arc Architekten)

Georg Poensgen und Andrea Denzer (Foto: Roswitha Kaster)

Norbert Möhring (Foto: Stefan Melchior)

Hauke Kraß und Prof. Tobias Mißfeldt (Foto: Mißfeldt Kraß Architekten)

Regional bauen – aber wie? Fragen an vier Architekten aus unterschiedlichen Regionen

Das Thema dieses Buches ist äußerst vielschichtig, es gibt sehr unterschiedliche Herangehensweisen, die teilweise auch auf unterschiedliche Voraussetzungen zurückzuführen sind. Vier Architekten aus Büros, die sich intensiv mit der Transformation regionaler Bautraditionen in die Moderne befasst haben, nehmen Stellung zu einigen wichtigen Fragen:

Regionalität ist zunehmend beliebt. Insbesondere Lebensmittel, aber auch handwerkliche und industrielle Produkte werden damit beworben, „aus der Region" zu stammen. Sehen Sie auch in der aktuellen Wohnhaus-Architektur die Rückbesinnung auf regionale Eigenarten im Aufwind oder handelt es sich bei Projekten wie den im vorliegenden Buch vorgestellten um Einzelfälle?

Stefan Kohlmeier, Arc Architekten, Bad Birnbach/Niederbayern: Je mehr die Globalisierung in alle Lebensbereiche hineinwirkt, umso wichtiger ist es für viele Menschen zu wissen, wo man hingehört. Das Bedürfnis, sich zugehörig zu fühlen, ist in uns Menschen verankert, oft verbunden mit dem Bedürfnis, diese Zugehörigkeit auch zu zeigen, etwa durch das Tragen regionaler Trachten zu bestimmten Anlässen. Wir stellen fest, dass auch beim Eigenheim oft der Wunsch vorhanden ist, Zugehörigkeit zu zeigen – in diesem Fall eben die Zugehörigkeit zur Region. Es ist jedoch ein großer Unterschied, ob ich in einem Laden regional geprägte Kleidung kaufe, oder ob ich ein Haus, das ja jedes Mal ein Prototyp ist, so entwickle, dass es die regionalen Eigenheiten aufnimmt und neu interpretiert. Da fehlt oft das Wissen und Können bei Bauherren und Planern, und am Schluss greift man doch auf das Allerweltsbauen zurück. Trotzdem: Der Wille ist sicher vorhanden und positive Beispiele gibt es.

Georg Poensgen, denzer&poensgen, Marmagen/Eifel: Wir stellen fest, dass sich unsere Bauherren mit dem Thema der Regionalität und deren Besonderheiten zunehmend befassen, auch in der Wohnhaus-Architektur. Der Bau eines Wohnhauses ist im Vergleich zu den letzten Jahren wesentlich komplizierter, aber auch sensibler geworden.
Typologische Ansätze, wie historische Winkel- oder Dreikanthöfe, oder der Einsatz von den ortstypischen Materialien, wie hier in der Nordeifel roher Bruchstein oder einfaches Holz, oder auch die Rückbesinnung darauf, ein bestehendes Haus sorgsam wieder instandzusetzen, sind Themen, die Bauherren zunehmend erkennen und zur Diskussion stellen.
Wir haben dieses Bewusstsein lange vermisst. Viel zu lange wurden Bebauungspläne landauf und landab mit den gleichen Voraussetzungen freigegeben. Mit dem Ergebnis, dass sich gerade in den ländlichen Bereichen eine Architektur verbreitete, wenn wir hier überhaupt noch von Architektur sprechen können, die absolut keine Bezüge mehr zu den gewachsenen Orten oder den Landschaften suchte.
Allzu viele Versuche gingen in die Richtung, die Häuser nur noch modisch und im Design aufzuarbeiten. Die Aufgabe der Architekten ist meines Erachtens aber eine andere: Wir müssen uns mit den historischen, gewachsenen Orten und deren Strukturen beschäftigen und aus diesem Fundus schöpfen. Nur dann ist eine Transformation der gewachsenen Baukultur möglich.

Hauke Kraß, Mißfeldt Kraß Architekten, Lübeck: Die aktuelle Wohnhaus-Architektur im Bauträger- und Fertighausmarkt macht meiner Einschätzung nichts anders als vor einigen Jahren. Sie sucht beispielsweise die platte Adaption in Form von „historisierender Sprossenteilung" im „modernen" Kunststofffenster.
Beim Bauen mit Architekten scheint sich aber in den letzten Jahren, gerade auch in der nachfolgenden Architektengeneration, eine Auseinandersetzung mit regionalen Baustoffen und Traditionen abzuzeichnen, verbunden mit dem Mut, diese Adaptionen dann auch auf ungewöhnliche Art einzusetzen.

Arc Architekten aus dem niederbayerischen Bad Birnbach ist es seit 1984 ein besonderes Anliegen, im ländlichen Raum durch einen brückenschlagenden Bogen („Arc") moderne Architektur und regionale traditionelle Materialien sowie Maßstäblichkeiten. Ebenso verbinden sie moderne Architektur sowie regionale traditionelle Materialien und Maßstäblichkeiten.

Andrea Denzer und ihr Büropartner und Ehemann Prof. **Georg Poensgen** interpretieren seit 1999 klassische Architekturen der Eifel und angrenzender Regionen in modernen Formen neu. Örtlich vorkommende Naturmaterialien verbinden sie gern mit Sichtbeton oder Faserzementplatten zu harmonischen Kontrasten.

Norbert Möhring ist seit 2005 in der Metropole Berlin und auf dem ländlich geprägten Darß an der Ostsee planerisch tätig. Seine Entwürfe zeigen nicht nur, wie gut sich Tradition und Moderne verbinden lassen. Mehrere Bauten plante Möhring für Bauträger und bewies so, dass auch kommerzialisierte Architektur von hoher Qualität sein kann.

Mißfeldt Kraß Architekten widmen sich seit 2007 mit stets großer Sorgfalt und Respekt vor der gewachsenen baulichen Umgebung Planungsaufgaben vom kleinen Wohnhausumbau bis zum städtebaulichen Konzept. Alt und Neu verbinden sie gekonnt, sowohl bei Sanierungen teils denkmalgeschützter Häuser als auch bei Neubauten.

Norbert Möhring, Möhring Architekten, Berlin und Born a. Darß: Ich denke, die Beweggründe, regionale Lebensmittel zu kaufen, sind andere als die, Regionalität in der Architektur weiterzudenken. Dennoch gibt es Parallelen. Regionale Architektur ist ja nichts Neues, sondern sehr alt, und sollte eigentlich selbstverständlich sein, was heute aber oft nicht mehr der Fall ist. Die Frage ist, warum nicht? Woran liegt das? Heute kann man alles bauen, es gibt kaum Beschränkungen, die Bauindustrie liefert, was man möchte, Bebauungspläne und Gestaltungssatzungen sind oft kraftlose Werkzeuge – und das ist der Spiegel der Baukultur in der Region.
Hierdurch ist die gebaute Umwelt austauschbar geworden, und damit setzt eine Suche nach Identität ein, eine Suche auch nach der regionalen Architektur. Das Schwierige ist dabei aus meiner Sicht, dass regionales Bauen nicht Stillstand in der Entwicklung heißen, sondern den gestiegenen Anforderungen der Zeit folgen sollte, ohne seine Identität aufzugeben.

Was motiviert nach Ihrer Erfahrung Bauherren, sich auf regionale Traditionen beim Bauen zurückzubesinnen?

Kohlmeier: Ich möchte die Frage andersrum stellen: Was motiviert Bauherren dazu, nicht traditionell zu bauen?
Die Art, wie traditionell gebaut wurde, hat sich oft über Jahrhunderte bewährt und wurde meist in allen Details auf die Anforderungen und die vorhandenen Ressourcen der jeweiligen Region hin optimiert. Warum sollte man davon abweichen?
Ein Grund ist sicherlich der, dass die regionalen Techniken und Produkte keine Werbung machen. Große Baustoffhersteller, die ihre Produkte überregional vertreiben, werben hingegen mit großem Aufwand. Ein Beispiel: Der günstige und hochwertigste Dielenboden aus dem Sägewerk in der Nachbarschaft wird nicht beworben. Dagegen wird ein für die Wohnqualität meiner Meinung nach katastrophaler PVC-Boden als Vinyl-Hightech-Produkt mit einer der Natur „toll" nachempfundener Oberfläche angepriesen.

Es bedarf einer gewissen Anstrengung, um die Ressourcen der Region ausfindig zu machen. Was Bauherren motivieren kann, sich auf die Traditionen zu besinnen, ist vor allem, gute Beispiele zu sehen, die in ähnlicher Weise gemacht sind. Dadurch erhält man die Gewissheit, dass es gut und richtig ist, gegen den Strom zu schwimmen.

Poensgen: Im Rückblick auf die 1960er- und 1970er-Jahre bis hin zur Gegenwart erkennen auch Bauherren, dass im ländlichen Bereich durch viele Eingriffe die Identität von Ortschaften verloren gegangen ist. Ortskerne wurden in dieser Zeit modernisiert, Bebauungsgebiete zugefügt, Straßenzüge verändert. Vieles wurde damals selbstverständlich geändert, was man heute niemals mehr wiederholen würde. Aus diesen Erfahrungen heraus resultiert meines Erachtens diese für mich fast logische Rückbesinnung.
So langsam wird erkannt, dass „zu Hause" sein über die eigenen Wände hinaus geht. Dabei muss man nicht unterscheiden zwischen Historischem und Modernem. Das wäre viel zu kurz gegriffen. Entscheidend ist die Absicht, etwas zu gestalten.
Vieles haben auch die Architektenkammern vor Ort, die Hochschulen und auch Initiativen einzelner Architekten in Richtung „Baukultur im ländlichen Raum" bewirkt, um das Bewusstsein zu schärfen, und eine Renaissance, gerade im ländlichen Bereich, in Gang zu setzen.

Kraß: Viele Menschen sind heute permanent unterwegs, auch international. Ich glaube, dass unter anderem daraus auch wieder eine Hinwendung zum Regionalen entsteht. Auch ist es vielleicht die Suche nach Identität.

Möhring: Ich denke, das ist sehr unterschiedlich. Die einen finden es einfach schön und sehen darin einen Wert, aber oft steht dahinter auch die Suche nach Identität, Werten und Integration in den Ort.

Was motiviert Sie selbst, traditionell-regionale Elemente und Materialien aufzugreifen?

Kohlmeier: Es ist spannend zu untersuchen, wo die besonderen Qualitäten von historischen Gebäuden liegen. Warum vermittelt eine alte Bauernstube eine so besondere Stimmung? Oder auch: Warum ist ein mittelalterlicher Platz so reizvoll? Es ist meist ein Zusammenspiel aus Materialien, Oberflächen, Proportionen und Maßstäblichkeit. Daraus leitet sich der Wille ab, bei Neuplanungen vom Städtebau bis ins Detail wieder ähnliche Qualitäten zu erreichen.

Poensgen: Das erste von uns entworfene Wohnhaus, das wir 1999 in Angriff nahmen, beschäftigte mit dieser Thematik. Es sollte ein Haus werden mit regionalen Bezügen. Hinzu kam die Herausforderung, dass sich der Bauplatz in meinem Geburtsort in der Eifel befand. Meine Frau und ich waren also in zweifacher Hinsicht gefordert. Dennoch war es für uns selbstverständlich, eine moderne Architektur mit historischen Bezügen zu schaffen. Das Ergebnis war ein „modernes Haus", mit einem überlieferten, typologischen Ansatz der Villa Rustica aus dieser Region mit der Besonderheit des überdeckten Atriums. Ein weiterer Aspekt war die Verortung des Hauses durch das Material, ein roher Bruchstein.
Wir erreichten dadurch eine große Aufmerksamkeit seitens der Architektenschaft, allerdings schien das Thema damals noch verfrüht. Zwei Jahre später bauten wir unser eigenes Haus und griffen dabei die traditionelle Sockelbauweise mit rohem Bruchstein und der einfacher Holzverschalung im Obergeschoss auf. Auch dieses Projekt wurde mehrfach ausgezeichnet und publiziert. Für uns war dies ein Glücksfall. Wir wurden dadurch zu den Architekten, die sich im ländlichen Bereich mit zeitgenössischer Architektur auseinandersetzen. Lange Zeit waren wir hier in der Eifel die Vorreiter des regionalen Bauens, allmählich kommen einige Kollegen hinzu. Auch die Bauherren sind aufmerksamer geworden. Das ist eine gute Entwicklung.

Seite 11 Zum Wohnhaus umgebauter ehemaliger Schweinestall bei Flensburg: Die neue Fassade aus Verblendziegeln nimmt die frühere Ziegelsichtmauer des Stalls ebenso auf wie regionaltypische Wohnhausfassaden. (Planung: Mißfeldt Kraß Architekten; Foto: Johannes Kottjé)
linke Seite beide Auch ein modernes Flachdachhaus kann an traditionelle Baustile anknüpfen, hier zwei Atriumhäuser in der Eifel mit Bruchstein- und Holzfassaden aus der Region. (Entwurf: denzer&poensgen, Foto: Rainer Mader)
rechts Selbstverständlich lassen sich auch mit nicht zu Wohnzwecken genutzten Gebäuden regionale Traditionen aufgreifen. Hier die Schlossökonomie im niederbayerischen Eggenfelden-Gern mit neu errichtetem Bürogebäude von Arc Architekten (links im Bild). (Foto: Architekten)

Kraß: Grundsätzlich sollte Architektur unmittelbar mit dem Ort zu tun haben, für den sie gebaut wird. Das ist jedenfalls unser Ziel bei all unseren Projekten. Letztlich geht es uns aber auch um regional verfügbare Baustoffe, die ob der kurzen Wege auch die Energiebilanz positiv beeinflussen. Es ist wichtig zu wissen, wo welche Baustoffe zu beziehen sind.

Möhring: Für uns wird das Projekt so ein individuelles Haus für einen Ort oder eine Region. Es fordert uns, das Wesentliche zu finden und in die Hauskonzeption aufzunehmen. Ein Haus findet so seinen Ort, an dem es ein Selbstverständnis erfährt. Für uns ist es gleichzeitig eine wichtige Motivation, die Tradition weiterzudenken und in unsere Zeit mitzunehmen. Das gelingt bei jedem Projekt unterschiedlich gut und ist eine ständige Herausforderung.

Die Beispiele in diesem Buch geben sich trotz Orientierung am Regionalen modern und eigenständig. Es gibt andere Entwürfe, die versuchen, historische Häuser nachzuahmen und daran meist kläglich scheitern. Wo liegt die Grenze zwischen plumper Anbiederung an Altes und respektvollem, intelligentem Aufgreifen von Bewährtem?

Kohlmeier: Erst mal spricht nichts gegen den Versuch, historische Bauweisen nachzuahmen. Es darf jedoch nicht beim unreflektierten Nachahmen bleiben! Ein Beispiel: Ein beliebiges Einfamilienhaus mit großem Dachüberstand und „Jodlerbalkon" passt auf den ersten Blick ganz gut in manch bayerisches Dorf. Bei genauerem Hinsehen stellt man jedoch dann sehr oft fest, dass dieses Haus völlig fremdartig im Grundstück steht, eher siedlungstypisch mit Garage und Vorgarten als dorftypisch. In historischen Dorfstrukturen bilden die Gebäude durch ihre Gebäudeform, durch die Dichtheit der Bebauung und durch die Abstände und Übergänge zum öffentlichen Bereich einen sehr stark definierten Straßenraum. Diese Qualität geht dann verloren.

Es geht also nicht nur darum, gestalterische Details nachzubauen, es geht auch um städtebauliche, räumliche Themen, um Fragen von Proportionen, Materialien. Es geht darum zu hinterfragen: Warum hat man das so gemacht, und warum erscheint uns das heute als Qualität? Als Nächstes gilt es, diese Qualitäten wieder zu erreichen, auch wenn sich heute viele Anforderungen von denen des historischen Vorbilds unterscheiden: Wohnkomfort, Belichtung, Grundrissaufteilung, Wärmedämmung, Dichtigkeit etc. Natürlich wird es für einzelne Fragen moderne Lösungen geben, jedoch sollte dies auf dem qualitativen und im Gesamtkontext zu betrachtenden Hintergrund basieren, den die Vorbilder vorgeben.

Poensgen: Ein Wohnhaus nach altem Stil nachzubauen, ist unseres Erachtens der völlig falsche Weg und stellt eben auch die zeitgenössische Baukultur infrage. Ein Wohnhaus von heute muss sich den zeitgenössischen Herausforderungen des Wärmeschutzes, der Konstruktion und der Bauphysik stellen. Allerdings bleibt der Kernpunkt, nämlich die Gestaltung, die vorrangige Disziplin der Architekten. Unsere beiden im Buch vorgestellten Beispiele zeigen, dass wir bei jeder anstehenden Aufgabe sehr sorgfältig den Bestand prüfen. Wir nennen es die Lektüre des Ortes.
Da kann zum Beispiel die Topografie von wesentlicher Bedeutung sein wie beim Wohnhaus in Leichlingen (S. 66): Hier wird die Topografie im Inneren durch ein Split-Level-System ablesbar. Außerdem spielte hier auch der Lichtverlauf der Sonne eine entscheidende Rolle. Der Spagat zwischen der Nordseite zum Garten hin und der Südseite zur Straße hin musste bewältigt werden. Beim Haus in Marmagen (S. 26) haben wir versucht, die Typologie eines ehemaligen Vierkanthofs der Eifel in ein modernes, zeitgerechtes Wohnhaus zu übersetzen. Durch viele Gespräche und viel Vertrauen seitens der Bauherren kam das Projekt zustande. Wir sind der Meinung, dass bestehende Strukturen transformiert anstatt historisiert werden sollen.

Kraß: Es geht uns immer darum, eine gewisse zeitgenössische Adaption der Gestaltung zu erreichen. Man soll sehen, dass heutige Architektur aus unserer Zeit stammt, aber Bezug nimmt auf Traditionen und Gebräuche der Region. Überhaupt nicht schlüssig erscheint mir der Ansatz, mit heutigen technischen Mitteln etwas aussehen zu lassen, als wäre es alt, das ist unehrlich und inkonsequent.
Als Beispiel sei der Neubau von Fachwerkhäusern genannt, bei dem das Fachwerk nur noch ein merkwürdig vorgeblendeter Nachbau, also letztlich reine Fassade ist. Die Bezugnahme auf die alte Bauweise sollte hier etwa durch moderne Holzkonstruktionen und die formale Aufnahme des Traditionellen erfolgen.

Möhring: Wir arbeiten viel auf der Halbinsel Darß/Fischland. Hier kann man an historischen Katen viele handwerkliche Dachdetails und Fassaden-Holzdetails sehen, die heute noch so sinnvoll sind wie früher, weil sie oft aus einem ganz rationalen Grund entstanden sind. Dann gibt es aber auch eine Schnitztradition für Haustüren und andere Hausteile, die sich aus meiner Sicht überholt hat. Früher fertigten die Menschen diese Teile in langen Wintern oder auf langen Seefahrten selbst an und gaben ihren Häusern damit eine persönliche Note. Solche Elemente sind schön und sinnlich an den alten Häusern, für die sie gemacht wurden, doch man sollte nicht versuchen, sie heute rein formal nachzuahmen.

Können Sie bestimmte Entwurfselemente wie Materialien, Proportionen, Kubaturen benennen, auf die beim modern interpretierten regionalen Bauen besonders geachtet werden sollte?

Kohlmeier: Wenn ein regionaler Bautypus neu interpretiert werden soll, ist die Maßstäblichkeit wichtig. Sie muss auf verschiedenen Ebenen – von der städtebaulichen Struktur bis zum Handlauf am Treppengeländer – genau überlegt werden. Es geht darum, ein Gefühl für die Umgebung zu entwickeln, um Gebäude bauen zu können, die sich einfügen.

Poensgen: Ein wesentliches Element, das häufig vernachlässigt wird, ist, wie bereits ausgeführt, der Umgang mit der Topografie. Oft werden ganze Geländeebenen bewegt, um den sogenannten flachen Haustyp umzusetzen. Hier liegt unseres Erachtens ein ganz entscheidender Fehler bei vielen Projekten, die in den letzten Jahren umgesetzt wurden.
Ein weiterer Punkt sind die industriell vorgefertigten, allzu selbstverständlich eingesetzten Materialien. Sie verunstalten nicht nur zunehmend die Straßenzüge, sondern heben Eigenständigkeiten und den Charakter ganzer Ortschaften auf.
Außerdem werden Ideen von „Traumhäusern" aus Urlaubszielen mitgebracht und in unseren Regionen umgesetzt. Hier fehlt es an Verantwortung, Bewusstsein wie auch an Haltung gegenüber gewachsenen Strukturen.
Die Topografie, die Ausrichtung, die Konstruktion oder die Materialwahl analysieren und prüfen, bevor man sich für die Umsetzung entscheidet – das sollten die Aufgaben von Architekten und Bauherren sein. Somit wird die Analyse ein wesentlicher Bestandteil des Entwerfens, und alle übernehmen einen gewissen Teil an Verantwortung gegenüber den Orten, an denen sie bauen.

Kraß: Ich glaube, dass es die Akzeptanz zeitgenössischer Architektur fördert, mit regionaltypischen Materialien zu arbeiten. Das erscheint mir wichtiger, als sie an Proportionen oder Kubaturen festzumachen.

Möhring: Die städtebauliche Maßstäblichkeit ist für uns ein wichtiges Thema, wenn es darum geht, wie ein neues Gebäude in den regionalen Bestand passt. Ein zweiter wichtiger Punkt ist die Materialwahl. Das Material hat nach in der Suche nach dem regionalen Bezug eine zentrale Bedeutung. Dies gilt nicht nur für das Material an sich, sondern auch für die Art, wie es eingesetzt wird und wie die konstruktiven Details angewendet werden.

Halten Sie es für bedeutsam, auch im Inneren eines modern-regionalen Hauses an Traditionen anzuknüpfen?

Kohlmeier: Einen guten Entwurf zeichnet in der Regel aus, dass ein Thema auf vielen Ebenen durchgehalten wird. Die übliche Baumarkt-Mentalität, sich einzelne Bausteine und Ideen herauszugreifen und beliebig zu kombinieren, führt zu keiner Verbesserung, sondern zu dem, was üblicherweise gebaut wird. Bei den meisten regionaltypischen Bauten ist das Besondere, dass eben nicht alles Mögliche verbaut wurde. In der Regel beschränken sie sich auf wenige Materialien, mit angenehmen und das Raumklima positiv beinflussenden Oberflächen, die über lange Zeiträume, oft jahrhundertelang, genutzt wurden und einfach zu warten sind. Man sollte also weniger über Gestaltung, als vielmehr über Qualitäten nachdenken.

Poensgen: Wenn Sie sich beispielsweise mit den vorhandenen Hofstrukturen aus der Eifel auseinandersetzen, werden Sie zunehmend feststellen, wie vielfältig so eine Struktur auch im Inneren sein kann.
In unserem Fall haben wir auf ein großes Wohnzimmer zugunsten einer Wohn- und Essküche verzichtet. Dies hatten wir damals in den historischen Strukturen vorgefunden und für uns neu interpretiert. Außerdem verwendeten wir einen Dielenboden. Er war nicht nur kostengünstig, sondern brachte auch eine ganz besondere Haptik ins Haus. Hinzu kamen die glatten weißen Wände. Dieses Zusammenspiel ergab einen zauberhaften Eindruck von Räumlichkeiten bzw. Raumfolgen, die aus der historischen Bauweise abgeleitet waren. An unserem eigenen Beispiel haben wir gezeigt, dass es möglich ist, Neues aus Vorhandenem abzuleiten und es zu transformieren.

Kraß: Unser Ansatz ist hier ähnlich wie beim Äußeren, wobei eine gute Mischung von Vorteil ist. Es darf nicht dogmatisch werden.

Möhring: Warum nicht, wenn man dort Anknüpfungspunkte findet, die wichtig sind. Ich denke, bei der Wahl von Materialien kann das eine Rolle spielen. Traditionellen Putzen, Oberflächenbehandlungen und Materialien sollte man eine hohe Aufmerksamkeit schenken, da sie in einem modernen Raumgefüge spannende Raumerlebnisse hervorbringen können.

Gibt es weitere, noch nicht genannten Tipps, Hinweise und Anregungen, die Ihnen zum Thema „Modernes Bauen in regionaler Tradition" wichtig sind?

Kohlmeier: Wir finden viele historische Gebäude toll, viele neue vielleicht nicht. Gebäude und Traditionen haben dann die Jahrhunderte überdauert, wenn sie gut und wichtig waren. Nichtssagende oder störende Teile verschwanden früher oder später wieder. Nachhaltigkeit bedeutet für uns auch, wenn sich ein Gebäude mit hoher gestalterischer Qualität in seine Umgebung so einfügt, dass es eben nicht stört, sondern selbstverständlich verortet ist.

Poensgen: Zeitschriften und Bücher können und sollten Ideengeber sein, aber die Umsetzung eines Hauses vom städtebaulichen Konzept bis hin zum räumlichen Konzept und dem Zusammenspiel zwischen innen und außen sollte individuell und sehr sorgsam entstehen, mit dem Bewusstsein, das Gebäude dem Ort hinzuzufügen.

Kraß: Nicht nur bei Neubauten möchten wir uns auf regionale Traditionen besinnen. Auch bei Bestandsumbauten versuchen wir, Dinge zu bergen und an anderer Stelle wiederzuverwenden. Auch dieser Ansatz stärkt den Ort und meist die Akzeptanz der modernisierten Architektur.

Möhring: Es gibt aus meiner Sicht keine allgemeingültigen Rezepte, die ein gelungenes Ergebnis garantieren. Bestimmt braucht es ein ganzheitliches Denken, das sich nicht in Einzelaspekten verliert, und eine Art Spurensuche nach den Dingen, die wesentlich erscheinen. Sich an einen Architekten zu wenden, dem man eine solche Aufgabe zutraut, ist bestimmt eine große Hilfe bei der Suche nach Regionalität.

unten Moderne, durchgängige Glasfassade unter traditionellem Reetdach. (Entwurf: Möhring Architekten; Foto: Stefan Melchior)

DIE PROJEKTE

Die in diesem Buch vorgestellten Projekte zeigen unterschiedliche Formen der Neuinterpretation regionaler Bauformen. Ihnen allen ist gemeinsam, dass sie nicht einfach Historisches kopieren, sondern es transformieren. Sie setzen die Herangehensweise früherer Jahrhunderte fort und verbinden Traditionen mit heutigen gestalterischen Vorstellungen und Wohnbedürfnissen.
Bei dem einen oder anderen Projekt lässt sich darüber diskutieren, ob regionale Tradition oder moderne Eigenständigkeit im Vordergrund stehen. Dies ist letztlich in allen Fällen eine Frage der Betrachtung, doch ist es gerade nicht die Intention des Buches, den Leser bloß zum zustimmenden Nicken zu verleiten. Vielmehr möchte es anregen, sich eigenständig Gedanken zu machen, die in eigene Projekte einfließen können.
Es versteht sich von selbst, dass nicht aus jeder denkbaren Region des deutschsprachigen Raumes ein Beispiel gezeigt werden kann, doch dies ist auch gar nicht erforderlich: Das Buch möchte prinzipielle Gedankenanstöße zur Neuinterpretation regionaltypischer Architektur vermitteln, nicht jedoch eine systematische Typologie traditioneller regionaler Bauweisen.
Auf der ersten Seite der meisten Projektdarstellungen findet sich ein kleines Foto, das exemplarisch ein historisches Gebäude aus der jeweiligen Region zeigt. Diese Fotos dienen der Illustration und dem besseren Verständnis, sie stellten jedoch keine „Blaupause" für die vorgestellten Häuser dar.

Seite 18

Seite 26

Seite 44

Seite 66

Seite 72

Seite 96

Seite 102

Seite 124

Seite 132

Seite 32

Seite 38

50

Seite 58

Seite 78

Seite 84

Seite 90

106

Seite 112

Seite 118

Seite 140

Seite 148

SYMBIOSE AUS ALT UND NEU

Dörfliches Wohnhaus mit Nebengebäude in Unterfranken

HEKI Architektur, Hendrik und Daniela Kircher, Margetshöchheim

Wer auf der gepflasterten Straße im unterfränkischen Margetshöchheim das Anwesen mit der Hausnummer 19 passiert, wird hinter dem weiß verputzten Giebel mit Sandstein-Fenstergewänden einen sanierten Altbau vermuten. Doch alt ist hier nur wenig: Ein moderner Neubau schiebt sich hier in den Winkel aus dem rekonstruierten Giebel und der grenzständigen Traufwand eines Vorgängerbaus.
So entstand ein zeitgemäßes, lichtdurchflutetes Wohnhaus, das sich regional ebenso einfügt wie in den Mikrokosmos des homogenen Straßenzugs und auch in seinem Inneren Bezüge zur Tradition aufnimmt. Anstelle einer alten Scheune im hinteren Teil des Hofes errichteten Architekten und Bauherr ein kleines Bürogebäude, das auch dort die dörfliche Bebauungsstruktur revitalisiert.

Der Entwurf

Über einen eingeschossig vorgebauten Windfang betritt man das Haus unmittelbar von der Straße oder vom Hof aus. Ganz anders, als es die historische Fassade vermuten lässt, kann schon von hier aus der Blick durch weite Teile des Hauses streichen: Die Küche ist nur mit einer rahmenlosen Verglasung vom Windfang abgeteilt, an ihr vorbei sieht man durch einen breiten Gang zum zweigeschossigen Essplatz und weiter zum Wohnbereich. Entlang einer stählernen Treppe vor der Sichtbeton-Rückwand des Essraums gelangt man ins Obergeschoss und von dort über eine identische, parallel verlaufende Treppe unters Dach. In jedem der beiden oberen Geschosses stehen zwei universell nutzbare Räume zur Verfügung.

unten Zur Straße weist zunächst lediglich die Eingangstür darauf hin, dass hinter dem klassischen Giebel etwas ganz Neues entstand.

oben und rechte Seite Der Giebel zur Straße hin wurde in klassischem Layout neu errichtet, der gartenseitige zeigt eine moderne Interpretation desselben Themas.
unten Anstelle eines großen Tors des Vorgängerbaus fügte die Architekten eine zweigeschossige Glasfassade in die Traufseite des Neubaus.

Auch zum Hof hin zeigt das Haus die klare, schnörkellose Satteldachform, die der Giebel zur Straße hin verspricht, allerdings öffnen sich die beiden Fassaden deutlich großzügiger. Aufgrund der beengten baulichen Situation war es ohnehin schwierig, Licht nach innen zu bringen, zudem zeigt der rückwärtige Giebel nach Norden. An der östlichen Längsseite symbolisiert eine zweigeschossige Verglasung vor dem Essplatz ein Scheunentor. Ein Band aus Dachfenstern in der hofabgewandten Dachfläche lässt auch von Westen her Licht ins Haus. Über einen Luftraum vom Ober- zum Dachgeschoss kann es tief ins Gebäude dringen.
Mit Krensheimer Muschelkalk für den Boden des Erdgeschosses, Eichenholzböden in den Schlafräumen und Fensterrahmen aus heimischen Nadelhölzern sind auch die die Materialien regional gewählt – und kontrastieren spannungsvoll mit den Sichtbeton- und Stahlelementen.

Die Architekten zum regionalen Bezug

Im mittleren, zweistöckigen Gebäudeteil befand sich ehemals eine Hausbrennerei. Traditionell wurde im Dorf Obstanbau betrieben. Als Reminiszenz an diese gewerbliche Nutzung wurde an der Stelle der Brennerei der zweigeschossige Essbereich eingefügt. In Form und Größe lehnt sich die raumhohe Komplettverglasung des Essbereichs an ein Scheunentor an.
Nach außen sollte der Charakter der Dorfstraße erhalten bleiben. Die Kubatur des Wohnhauses entspricht daher in Proportion und äußerer Form der alten Bebauungsstruktur. Die Dachfläche blieb in ihrer Neigung erhalten und wird nicht durch Dachaufbauten gestört. So entstand ein klarer Baukörper.
Das nur noch fragmentarisch erhaltene Nebengebäude wurde als Bürogebäude wieder aufgebaut und passt sich in Proportion und Form den benachbarten Scheunen an. Es bildet einen harmonischen Abschluss des neuen Anwesens. Zudem wurde der bestehende Scheunengürtel so wieder hergestellt.

Besonderheiten des Projekts

Die Architektenfamilie wohnte bereits zuvor einige Jahre im Haus nebenan. Dieses wurde zu klein, das Nachbaranwesen stand leer, also erkundigte man sich nach den Eigentümern und konnte die beiden Flurnummern mit Haus und Scheune erwerben. Den engen Bezug zum Ort merkt man dem Entwurf an. Mit seinem rekonstruierten Giebel fügt sich das Haus ein wie kein weiteres Projekt dieses Buches. Hinter dem Giebel entstand etwas völlig Neues, doch auch dies nimmt in mehrfacher Weise ausgeprägt Bezug zum Altbestand und zur Region.
Faszinierend, welch breite Spannweite zwischen Historischem und Modernem hier äußerst symbiotisch realisiert wurde!

links Der Treppenraum wurde zwischen der Galerie im Dachgeschoss und dem Erschließungsgang des Obergeschosses angeordnet.
unten Der zweigeschossige Wohnraum verbindet die warme Atmosphäre des Steinbodens und der hölzernen Fensterrahmung mit einer Sichtbetonwand und daran angelehnten Treppenläufen in Rohstahl.

oben Zwischen Eingangsbereich und Küche findet sich eine rahmenlose Glasfassade als maximal transparente thermische Trennung.
rechts Lauschig gibt sich der Wohnraum mit Kaminofen, einer Sitzgruppe aus Design-Klassikern und vorgelagerter Terrasse.

oben Der Blick am Wohnhaus vorbei führt zum Büro des Bauherrn, das anstelle einer alten Scheune entstand.
oben rechts Die beiden Treppenläufe hängen offen im Wohnraum, doch den Erschließungsgang im Obergeschoss teilt eine geschlossene Wand ab.
unten Das Bad bildet einen markanten Farbtupfer.

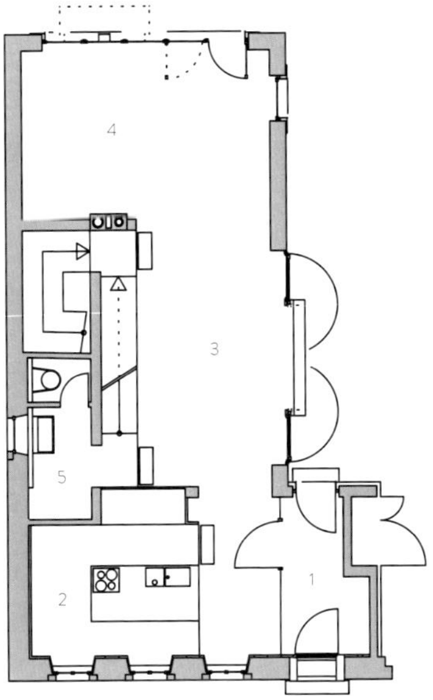

Erdgeschoss

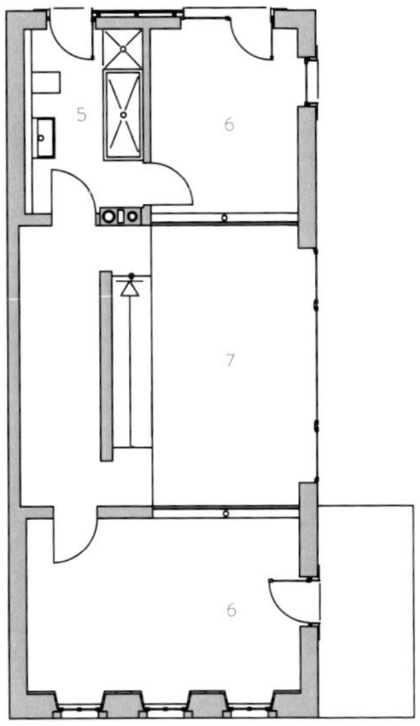

Obergeschoss

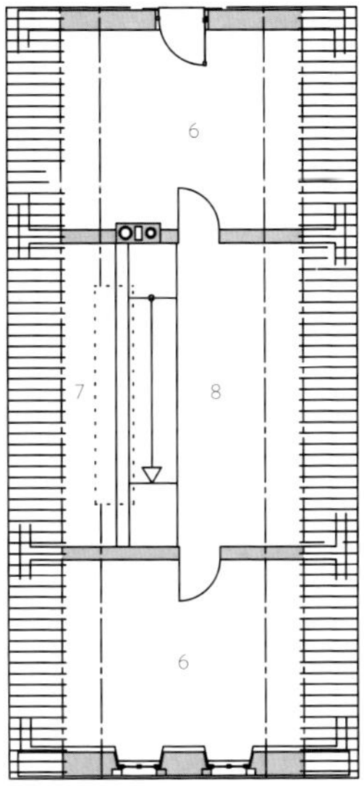

Dachgeschoss

1 Eingang
2 Kochen
3 Essen
4 Wohnen
5 Bad/WC
6 Zimmer
7 Luftraum
8 Galerie

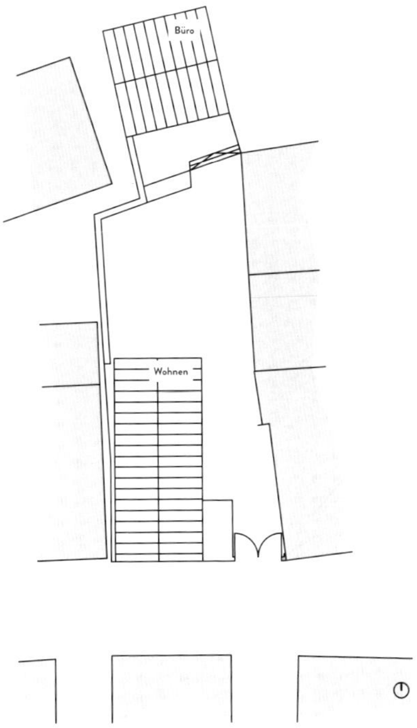

Projektdaten

Wohnfläche 140 m² zzgl. 75 m² Bürofläche im Nebengebäude

Baustoffe

- Wände: Hochlochziegel; Bruchsteinmauerwerk (Muschelkalk) mit Kalzium-Silikat-Innendämmung
- Fassaden: mineralischer Außenputz, mit der Kelle handgeglättet; mineralischer Anstrich; Lärche-Leistenschalung Rhombus 30/30 mm, hinterlüftet
- Dacheindeckung: Doppelmulden-Falzziegel, naturrot; Ortgang aus Unter- und Stirnbrett in Lärche
- Innenwandoberflächen: Kalkputz bzw. Gipskarton, jeweils mit Silikatfarbe auf 1,5 mm dickem Filzputz
- Fußböden: Erdgeschoss: Krensheimer Muschelkalk, Bahnenverlegung; Obergeschosse: Eiche-Dreischichtparkett, im Schiffsverband verlegt und geölt; Bäder: Glasmosaik
- Fensterrahmen: Nadelholz, geölt
- Sonstige bemerkenswerte Materialien: Treppe aus unbehandeltem Stahl, 5 mm; Innentüren mit raumhohen Blockzargen, stumpf einschlagend; Einbauschränke aus weiß lackierten MDF-Platten

Beheizung: Grundwasser-Wasser-Wärmepumpe; Fußboden- und Wandheizung

Fotos: Rudi Seifert

Historischer Eifelhof

EIFELHOF
IN NEUEM GEWAND

Atriumhaus in Marmagen/Eifel

denzer&poensgen, Marmagen

Verblüffend, wie gut sich eine Assoziation mit einfachen architektonischen Mitteln hervorrufen lässt, ganz ohne sich anzubiedern! Eine straßenseitige geschosshohe Mauer aus regionalem Bruchstein, darin ein breites, hölzernes Tor mit eingelassener Tür für den alltäglichen Gebrauch. Hinter der Mauer drei Satteldächer, einander nicht überschneidend, flach gedeckt. Zweifellos ein Hof, wie er hier in der Eifel zum Bild der Dörfer gehört. Die kleinen Dimensionen und die modern-puristische Ausdetaillierung versehen die erste Assoziation allerdings mit Fragezeichen, und der nähere Blick zeigt ein neu gebautes Atriumhaus.

Der Entwurf

Der rückwärtige Garten ist nordwestlich orientiert. Dadurch übernimmt der Innenhof neben dem traditionell-typologischen Aspekt die Funktion eines südorientierten Freibereichs. Trotz Lage zur Straße ist er vor Einblicken geschützt. Zudem wird über ihn das Haus erschlossen.
Im rechten Gebäudeflügel befindet sich der Eingangsbereich mit Garderobe und kleinem Bad. Dahinter schließt sich der Essplatz mit offener Küche, ein Kamin sowie der Wohnbereich an. Ausschließlich zum Garten hin öffnet sich der Essbereich, während der Wohnraum zusätzlich auch zum Innenhof hin verglast ist. Beide Räume haben Zugang zur Gartenterrasse, auf der sich an lauen Sommerabenden die untergehende Sonne genießen lässt.
Das Schlafzimmer mit Ankleide und Badezimmer befindet sich im linken Gebäudeflügel. Diese Räume orientieren sich sowohl zum Garten als auch zum Innenhof hin. Im Grundriss liegen daneben zwei Arbeitszimmer. Sie nehmen die Seitenflügel

unten Mit einfachen Mitteln lässt der Bungalow die Illusion einer ortstypischen Hofanlage aufkommen.

oben und unten Eine geschlossene Natursteinmauer mit klassisch segmentiertem Eingangstor bildet die Straßenfront.
rechte Seite oben Anstelle eines großen, landwirtschaftlich genutzten Hofs findet sich hinter dem Eingangstor, zwischen den drei Gebäudeflügeln, ein vor Einblicken geschützter Terrassenhof.
rechte Seite unten Eine weitere Terrasse erweitert den Wohnraum zum Garten hin.

ein und öffnen sich zum Innenhof. Ein kleines Nebengebäude durchbricht die ansonsten symmetrisch angeordneten Baukörper. Es liegt zurückversetzt und nimmt die Garage und den Haustechnikraum auf.

Die Architekten zum regionalen Bezug

Das Grundstück befindet sich am südlichen Ortsrand von Marmagen. Ursprünglich war der Ort geprägt von Gehöften mit Wohn-, Stall- und Scheunengebäuden. Diese Strukturen sind nur noch selten erhalten, und die wenigen noch vorhandenen verschwinden zunehmend. Unser Konzept nimmt diese regionaltypische Bauweise der Eifel typologisch auf und transformiert sie in ein „modernes Wohnhaus". Dabei soll der gesamte Grundriss auf einer Ebene funktionieren. Die Baukörper sind so zueinander gestellt, dass der Besucher durch eine Pforte in den Innenhof gelangt. Dieser ist das Herzstück der Anlage und dient als Refugium für Besucher.

Besonderheiten des Projekts

Gekonnte Neuinterpretation einer traditionellen Bauweise oder aufgesetzter Formalismus? So unprätentiös-leichtfüßig wie manch anderer Entwurf in diesem Buch geht das Atriumhaus in der Eifel nicht um mit der Tradition, auf die es sich beruft. Es bemüht sich offensichtlich darum, als regionaltypisch wahrgenommen und typologisch eingeordnet zu werden. Der Spagat, dabei nicht ins Historisierende zu driften, gelingt allerdings bestens, ebenso die Reduktion aller zitierten Stilelemente. In seine Umgebung eingefügt hätte sich der Entwurf als modernes, anspruchsvolles Atriumhaus durch seine Maßstäblichkeit und mit der Fassade aus Bruchstein auch ohne die drei minimierten Satteldächer. Die Reminiszenz an alte Höfe gelänge dann jedoch nicht – es wäre also durchaus schade um dieses spielerische Element.

oben und unten Der Wohnraum gibt sich im Stil unserer Zeit mit hellen Oberflächen und hell im Raum stehender Kochinsel.
rechte Seite So umschlossen sich der vordere Terrassenhof gibt, so sehr öffnet sich die rückwärtige Terrasse zu Garten und Landschaft.

Projektdaten

Wohnfläche 212 m²

Baustoffe

- Wände: Bimsmauerwerk; Innenwände in Leichtbauweise
- Fassade: Grauwacke, gemauert
- Dacheindeckung: Faserzementplatten, Doppeldeckung
- Innenwandoberflächen: glatt verputzt
- Fußböden: Feinsteinzeug
- Fensterrahmen: Aluminium
- Sonstige wichtige Materialien: polygonal verlegte Natursteinplatten für Innenhof und Terrasse

Beheizung: Gasbrennwerttherme über Fußbodenheizung

Fotos: Rainer Mader (Projektfotos), Architekten (S. 26 o.)

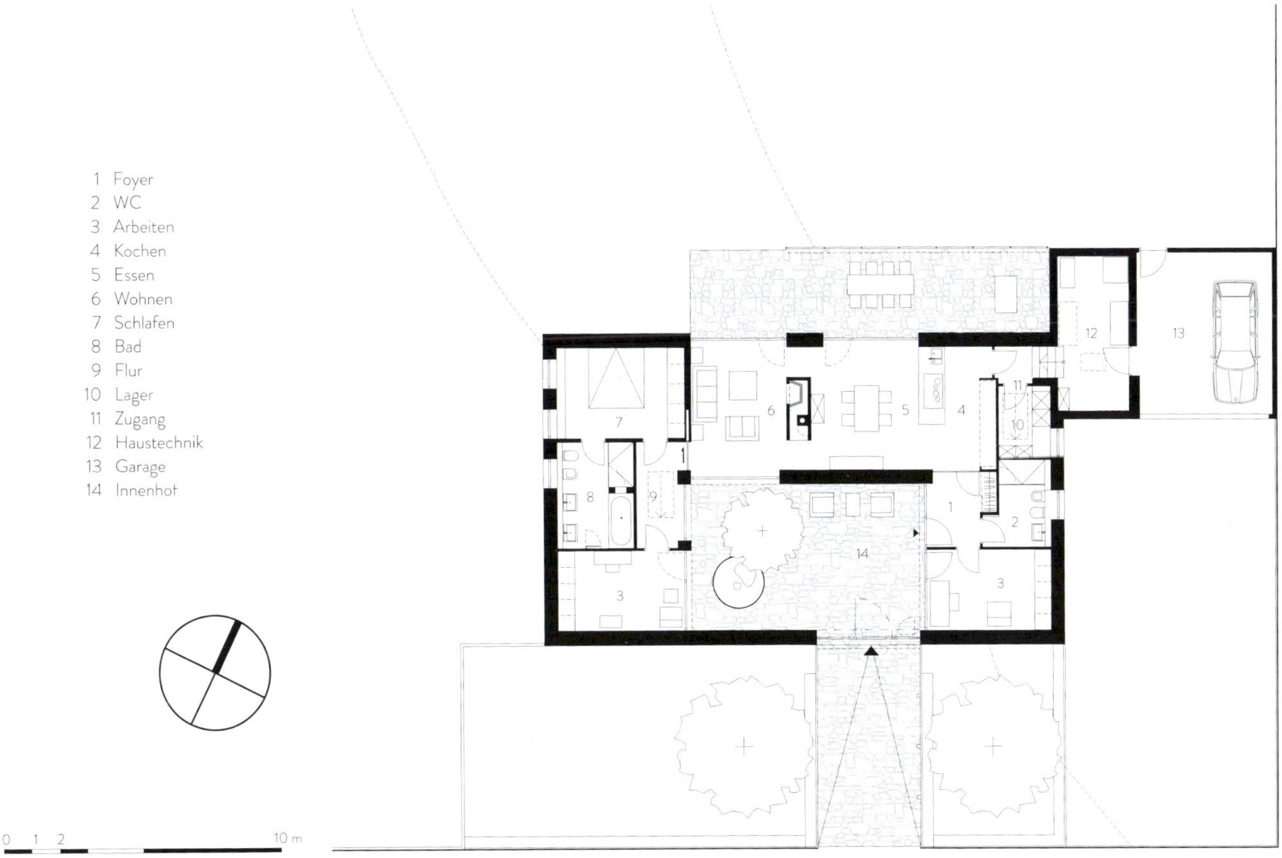

1 Foyer
2 WC
3 Arbeiten
4 Kochen
5 Essen
6 Wohnen
7 Schlafen
8 Bad
9 Flur
10 Lager
11 Zugang
12 Haustechnik
13 Garage
14 Innenhof
0 1 2 10 m

Klassisches Chalet in Tirol

MODIFIKATION MIT FEINGEFÜHL

Chalet in Tirol (Österreich)
KITZMÜLLER ARCHITEKTUR, Absam (Österreich)

Sprossenfenster mit Klappläden neben großer Glasfassade, bäuerliche Rustikalität und puristische Geradlinigkeit, regionale Bauform und mondäne Ausgestaltung – wie gut solch scheinbare Gegensätze harmonieren können, wie selbstverständlich sie sich in einem Entwurf vereinen lassen, all dies zeigt Architekt Jürgen Kitzmüller mit der Neuinterpretation eines klassischen Chalets in Tirol.

Der Entwurf

Die Bauherren hatten ein älteres Haus erworben, das sie zum großzügigen, luxuriösen Domizil mit weitläufigem Wohnbereich, fünf Schlafzimmern, innenliegender Pool- und Wellnesslandschaft und Whiskeykeller umbauen und erweitern wollten. Bei näherer Untersuchung stellte sich dann jedoch als sinnvollste Lösung heraus, den Altbau bis auf wenige Wände abzubrechen und neu zu bauen.

Manch Betrachter wird allerdings kaum auffallen, dass sein Blick hier nicht auf ein historisches Chalet fällt: Über dem Sockelgeschoss mit Natursteinfassade erheben sich zwei Geschosse mit einer Fassade aus alten Holzbohlen, patinös changierend, die kleinen, quadratischen Fenster mit Sprossenunterteilung und bei Bedarf mit Klappläden verschließbar. Den oberen Abschluss bildet ein mit Kupfer gedecktes, nicht allzu steiles Satteldach mit weiten Überständen, auch dies ganz traditionell. Einen ersten Hinweis auf die tatsächliche Entstehungszeit des Hauses gibt eine größere Glasfassade, die vor einem hervortretenden Bereich des Dachgeschosses von der Geschossdecke bis unter den First reicht. Zudem fällt bei genauem Hinsehen auf, dass die Holzfassade schlichter und schnörkelloser ist als bei entsprechenden rustikalen Altbauten.

Jedoch bekleidet die Fassade hier lediglich den eigentlichen Bau aus Beton und Ziegel. Ebenso im Inneren, wo viele Wände ebenfalls mit historischem Holz aus Abbruchhäusern bekleidet sind. Andere Wände sind mit Lehm verputzt, die Böden mit Eichendielen und Naturstein belegt. So entstand auch in den äußerst großzügigen Wohnräumen das authentische Bild eines alten, massiv aus Holz erstellten Chalets. Die Ausdetaillierung der gerade geschnittenen Natursteinböden und Dielen, die puristischen Treppen und viele andere moderne Elemente geben jedoch die Neuzeitlichkeit des Hauses preis. Die Wertigkeit der Räume steigert sich von unten nach oben, was dem Ausblick vom weitläufigen Wohnbereich unterm Dach zugutekommt. Hier befinden sich eine introvertierte Sitzgruppe zwischen Einbauregalen unter der Gaube Richtung Süden, die Frühstücksbar im Erker Richtung Osten, gegenüber der in eine große Terrasse übergehende Essplatz nach Westen sowie die anschließende offene Küche auf der Nordseite. Daneben gibt es ein abtrennbares Heimkino.

Die fünf Schlafzimmer mit je eigenem Bad liegen eine Ebene weiter unten. Im Erdgeschoss befindet sich der Wellnessbereich mit Pool und Ruhebereich, Sauna, Dampfbad und Infrarotkabine. Rückwärtig gibt es einen Skiraum, und schließlich folgt ein Whiskeykeller. Die auf dieser Ebene integrierte Garage bietet Platz für vier bis sechs Fahrzeuge.

Die Architekten zum regionalen Bezug

Der Bauherrenwunsch nach einem aus traditionellen Materialien gebauten Chalet wurde erfüllt, jedoch gleichzeitig auf geradlinige Formen und eine reduzierte, moderne Formensprache geachtet.

Laut Vorgabe der Gemeinde St. Anton musste das neue Gebäude hinsichtlich Trauf- und Firsthöhen dem Alten ent-

unten Als klassisches Chalet, jedoch mit moderneren Details und großer Glasfassade, gibt sich der Neubau.

sprechen, und die Gesamtkubatur durfte nur um einen vorgegebenen Prozentsatz vergrößert werden.
Innerhalb dieser Schranken integriert sich der Entwurf in die dörfliche Struktur des Ortsteils in Hanglage ohne Aufheben. Durch den sensiblen Umgang mit dem Gelände ließ sich der sehr große Baukörper dezent in den Hang setzen. Die gewählten natürlichen Materialien wie Naturstein, Altholz, das Kupferdach und Geländer aus Schwarzstahl, die natürlich auch rosten dürfen, sorgen für größtmögliche Authentizität.
Zum Trocknen hat man die Maiskolben an den Stangen am Haus aufgehängt: Solche Stangen, ein regionales bäuerliches Gestaltungselement, wurden in Form eines schlanken Gitters aus Rundstangen an der südseitigen, raumhohen Glasfassade integriert, um auch hier die Zurückhaltung des Gebäudes nicht zu stören, die sich durch sämtliche Innenräume hinsichtlich natürlicher Materialien und Schlichtheit fortsetzt.

Besonderheiten des Projekts

Der Entwurf orientiert sich an der bekannten Form eines alpenländischen Chalets, wie sie sich in den letzten zwei Jahrhunderten aus der ehemals einfachen Hirtenunterkunft entwickelte, für die der Begriff einst stand. Gerade im Vergleich zu vielen anderen Beispielen in diesem Buch handelt es sich um eine recht klassische Neuinterpretation eines traditionellen Baustils – ganz so, wie es sich die Bauherren wünschten. Ein Großteil der Oberflächen ist sogar mit tatsächlich altem Material bekleidet.
Um eine schlichte Nachahmung handelt es sich dabei keineswegs, vielmehr um eine Modifikation mit besonders viel Fingerspitzengefühl. Hier wurde keine Radikalmodernisierung der vertrauten Bauform vorgenommen, sondern präzise an ihr gefeilt. So erhielt sie gestalterische Klarheit, Licht in den Räumen und eine großzügige Anmutung – und dies nicht allein durch die äußerst weitläufige Wohnfläche.

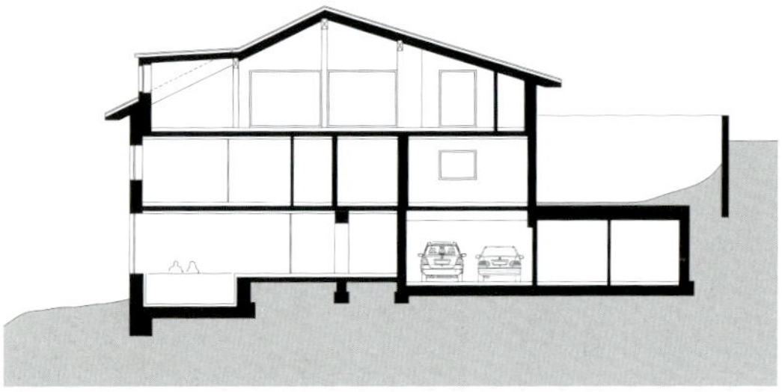

Schnitt

oben Ein großer Wohnraum nimmt beinahe das ganze Dachgeschoss ein. Die Küche – links im Hintergrund, rechts in Nahaufnahme – fügt sich als modernes Element hervorragend in die wuchtige Rustikalität des Hauses ein.

rechte Seite oben Das Haus zeigt einmal mehr die Zeitlosigkeit des Materials Holz, das hier in Varianten, von roh-rustikal bis glattflächig-modern, zu einer dennoch homogenen Einheit kombiniert ist.
rechte Seite unten Der monumentale Kamin mit Schwarzstahlblende betont die Größe des Raums.

Hanggeschoss

1 Eingang
2 Schlitten/Bob
3 Skistiefel
4 Abstellraum
5 Flur
6 Pflanzen
7 Weinkeller
8 Sauna
9 WC
10 Infrarot-Raum
11 Dusche
12 Dampfbad
13 Ruheraum
14 Pool
15 Garage

links Der Erschließungsgang auf der Schlafebene mit der luftigen Treppe ins Wohngeschoss.
links unten Einen Großteil des Hanggeschosses nehmen die Wellnessräume mit Pool, Sauna und Infrarotkabine ein.

Projektdaten

Wohnfläche 550 m² zzgl. Terrassen
Baustoffe
- Wände: Stahlbeton (Untergeschoss und teilweise Erdgeschoss); Ziegelmauerwerk (Erdgeschoss und Obergeschoss); Holzriegelkonstruktion (Dachgeschoss)
- Fassaden: Naturstein-Vormauerschale (Erdgeschoss); Bekleidung mit Altholz
- Dacheindeckung: Kupfer
- Innenwandoberflächen: Naturstein; Kunststein; Altholz; patiniertes Messing
- Fußböden: Naturstein; großformatige Landhausdielen in Eiche
- Fensterrahmen: Lärchenholz
- Innenausbau/Einbaumobiliar: Altholz; Schwarzstahl; Möbel aus Naturstein
- Sonstige wichtige Materialien: Naturstoffe wie Leinen, Loden und Filz

Beheizung: Pelletsofen; Fußbodenheizung

Fotos: Birgit Koell (Projektfotos), www.alfenalm.at (S. 32 o.)

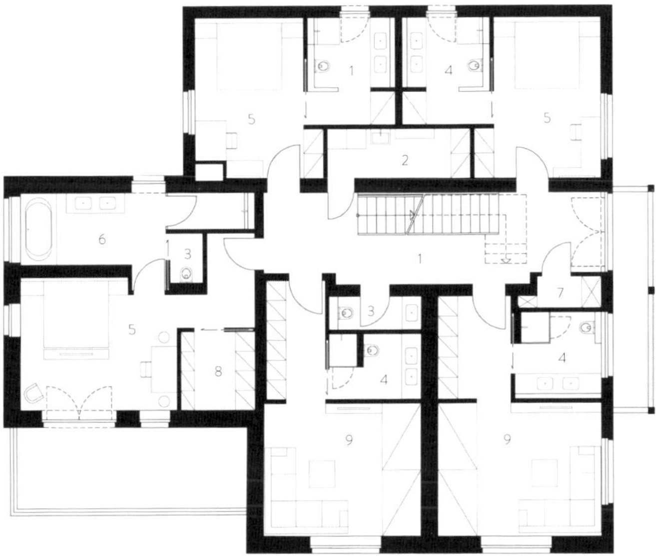

Obergeschoss

1 Flur
2 Wäsche
3 WC
4 Dusche/WC
5 Schlafen
6 Bad
7 Abstellraum
8 Ankleide
9 Gast

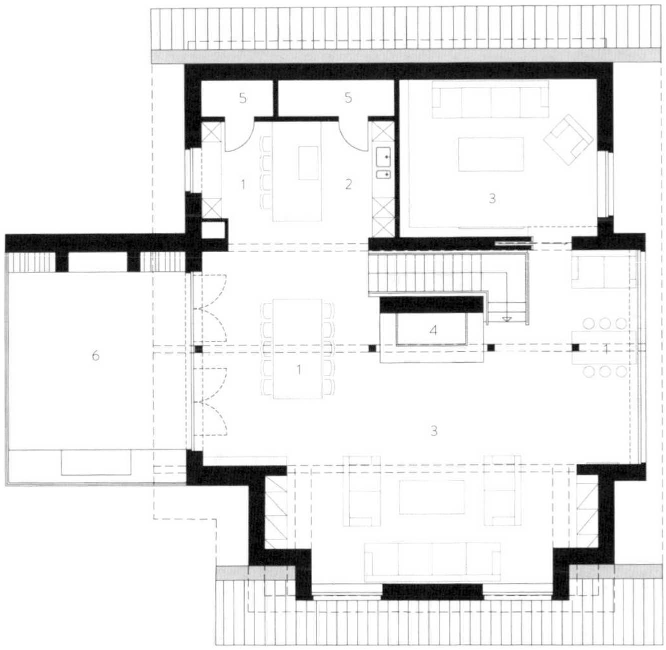

Erdgeschoss

1 Essen
2 Kochen
3 Wohnen
4 Kamin
5 Vorratsraum
6 Terrasse

Reetdachhaus mit Nebengebäude

TRADITIONELL-MODERNE ASYMMETRIE

Reetdachhaus auf dem Darß

Möhring Architekten, Berlin, Born a. Darß

Straßenseitig wirkt der schmale, langgezogene Baukörper wie die zeitgemäße Variante eines klassischen Reetdach-Hauses: Über einem leicht gedrungenen Erdgeschoss ragt, deutlich höher, das mit Rohr gedeckte Satteldach auf. Rückwärtig meint man, ein anderes Haus vor sich zu haben. Hier geht das Reetdach nahtlos über in eine Reetbekleidung der hier zweigeschossigen Fassade. Zu den beiden Giebelseiten bringt die sogenannte springende Traufe – also die unterschiedliche Höhe der Traufen – Spannung ins Bild.

Der Entwurf

Im Süden der Bauparzelle liegt die Straße. So wurde das vorher leicht abfallende Gelände zu einem Plateau modelliert, dessen Begrenzung eine Trockenmauer und eine Hecke bilden. Somit leicht abgehoben und abgeschirmt vom öffentlichen Raum, bleibt nun trotz teils bodentiefer Glasfassaden die Privatsphäre der Bewohner ausreichend gewahrt. Die moderne Fassade und das klassische Dach harmonieren hier nicht nur formal bestens, sondern auch funktional. So prägt der typische weite Dachüberstand nicht nur das Erscheinungsbild, sondern stellt zugleich eine natürliche sommerliche Verschattung der südorientierten Gebäudeöffnungen dar.

Die größte Öffnung liegt allerdings auf der nördlichen Rückseite. Hier fängt ein zweigeschossiges Fenster vor der Wohnküche den nahen Wald ein, der den Innenraum als Panorama prägt. Außen ist an den insgesamt asymmetrisch ausgebildeten Giebelseiten der symmetrische Bereich rot verputzt hervorgehoben, der südlich heruntergezogene Teil mit Holz bekleidet.

unten Rückwärtig zeigt sich das Haus eine zweigeschossige Reetfassade mit einem großen Einschnitt über die gesamte Höhe.

oben Deutlich gedrungener als von der Rückseite und mit klassischer Reettraufe wirkt das Haus zur Straßenseite. Auch hier gibt es bodentiefe Verglasungen.
rechte Seite oben Zentrum des Hauses ist der bis unter den First reichende, zweiseitig voll verglaste Wohnraum.
rechte Seite unten Nur eingeschossig, deutlich kleiner, jedoch zu einer Seite ebenfalls raumhoch verglast, ergänzt ein Kaminzimmer den zentralen Wohnraum.
unten An der Giebelseite ist die sogenannte springende Traufe zu erkennen.

Die zweigeschossige Wohnküche ist der zentrale Aufenthaltsraum. Sie wird ergänzt durch ein Kaminzimmer auf der westlichen Giebelseite. Östlich befindet sich der Eingangsbereich mit einem Bad. Eine einläufige Treppe führt von der Wohnküche zu einer zweiseitig umlaufenden Galerie, die als Arbeitsplatz und Erschließung der beiden Schlafzimmer und des Bads dient. Das unaufgeregt-ruhige Ambiente der Räume wird unterstützt durch die minimierte Farb- und Materialwahl: Mit Ausnahme des Eichendielen-Parketts sind die Oberflächen ausschließlich weiß, seien es die verputzten Wände und Decken, die stählerne Treppe oder die Einbaumöbel in Küche, Kaminzimmer und Elternschlafzimmer.

Die Architekten zum regionalen Bezug

Rohrdächer (Reetdächer) gehören zum typischen Bild der Dörfer auf Darß/Fischland, insofern stellt das Material einen wichtigen regionalen Bezug her – nicht zuletzt auch zu handwerklichen Traditionen des Landes und zu den Menschen dort. Wir versuchen diese Dinge zu erkennen, zu hinterfragen, sie zu interpretieren und in einem neuen Zusammenhang sinnhaft weiterzuschreiben. So entsteht etwas Neues aus dem Alten, ohne direkt zu kopieren. Auf dem Darß werden viele neue Häuser nach direkten Vorbildern von alten Häusern gebaut, oft mit schlechten Materialien und platten Zitaten, kleinen Räumen, kleinen Fenstern, in denen kaum Wohnqualität entstehen kann. Wir möchten dies infrage stellen und andere hervorheben, die uns wesentlicher erscheinen.

Besonderheiten des Projekts

Der Entwurfsgrundsatz des Architekten, aus dem dieses und mehrere weitere moderne Häuser in regionaler Tradition entstanden, wurde hier besonders gelungen umgesetzt: ein Haus, das sich bestens in die Bautradition auf dem Darß (und andernorts an der Ostsee) einfügt, ohne sie zu kopieren. Stattdessen zeigt sich ein modernes, luftig-lichtes Wohnhaus. Auch diese Vorgehensweise steht übrigens in guter Tradition, wäre doch in früheren Jahrhunderten kaum jemand auf den Gedanken gekommen, Entwürfe und Stilelemente vergangener Zeiten schlichtweg zu kopieren. Das Geheimnis historischer Städte und Dörfer liegt vielmehr in der harmonischen Übernahme der Proportionen und Maßstäbe vorhandener Bauten und in der Verwendung ähnlicher, da regionaler Materialien – doch hinsichtlich der Ausgestaltung brachte jede Zeit ihre eigenen Vorlieben, Moden und technischen Fähigkeiten in die Architektur mit ein.

oben Die Erschließung des Obergeschosses erfolgt über eine umlaufende Galerie.
unten Eines der beiden Schlafzimmer im Obergeschoss, zoniert durch einen frei im Raum stehenden Schrank.

unten Der andere Schlafraum verfügt über einen Einbauschrank und eine kleine Empore als Stauraum über dem Bad.

Projektdaten

Wohnfläche 134 m² zzgl. Terrassen

Baustoffe

- Wände: Kalksandstein, Porenbeton, Stahlbeton
- Fassaden: Holzbekleidung, hinterlüftet; Putz; Reet
- Dacheindeckung: Reet (Rohrdeckung)
- Innenwandoberflächen: Gipsputz mit Silikantanstrich
- Fußböden: Eichendielenparkett, geölt
- Fensterrahmen: Holz
- Innenausbau: Küche, Schränke, Kaminmöbel als Einbauten

Beheizung: Gasbrennwerttherme; Fußbodenheizung

Fotos: Stefan Melchior (Projektfotos), Anne Kemmling (S. 38 o.)

1 Eingang/Garderobe
2 Kochen
3 Essen
4 Wohnen/Kamin
5 Bad
6 Hauswirtschaft
7 Schlafen
8 Luftraum
9 Galerie

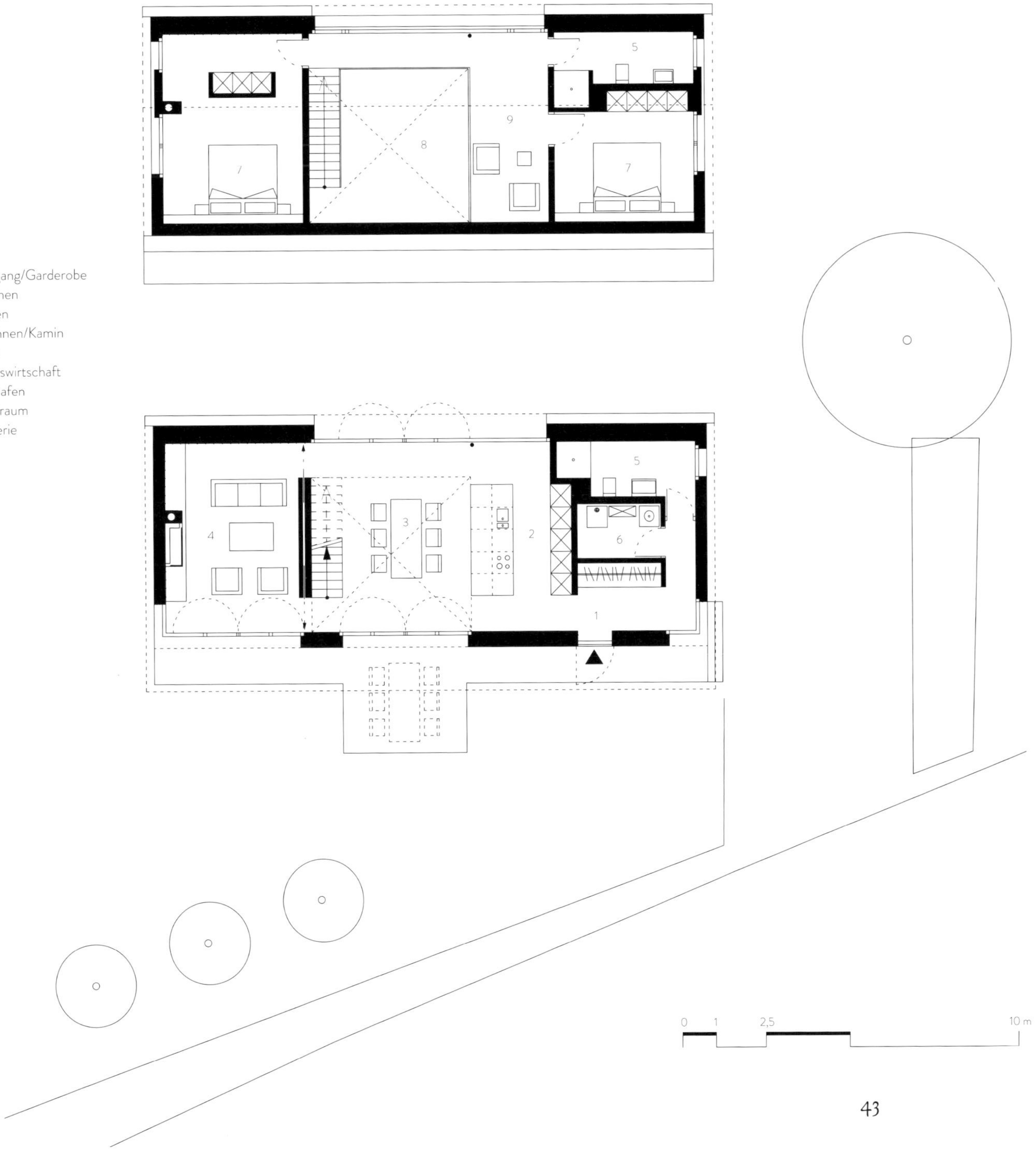

Schwäbisches Bauernhaus, Holz- und Putzfassade

METAMORPHOSE ZUM REGIONALTYPISCHEN

Umbau und Aufstockung in Ravensburg/Oberschwaben

roterpunkt architekten, Leutkirch im Allgäu und Ravensburg

Beispielhaft für die derzeitige Rückbesinnung auf Regionaltypisches steht dieses Haus in einer Ravensburger Wohnsiedlung: Vor dem Umbau stand hier ein 1960er-Jahre-Bungalow mit Walmdach, typisch für eine Bauzeit, aber nicht für eine Region. Heute identifiziert sich die Architektur des aufgestockten Wohnhauses mit ihrer Umgebung und deren Bautradition. Die Ausgestaltung im Detail und Elemente, die eindeutig aktuellen technischen Möglichkeiten entstammen, weisen dennoch deutlich auf die Entstehungszeit des Umbaus hin. Rein Historisierendes findet sich nirgends.

Der Entwurf

Der Walmdachbungalow war seit seiner Erbauung nie renoviert worden. Eine Generalüberholung stand daher ohnehin an, zudem wünschten sich die Käufer des Hauses mehr Raum. Grundfläche und Außenmauern wurden beibehalten, das Walmdach machte einer Aufstockung mit flach geneigtem Satteldach Platz. Das Dach der straßenseitig vorspringenden Garage und eines Vorbaus zum Garten hin erhielten ein flaches Dach, sodass sich ein zweigeschossiges Haus mit eingeschossigen Anbauten entstand.

Während die Putzfassade des Erdgeschosses mit einem Wärmedämmverbundsystem wiederhergestellt wurde, setzt sich die Aufstockung mit einer ihrer Konstruktion als Holzrahmenbau entsprechenden Holzfassade ab. Die Zweiteilung in holzverschaltes Obergeschoss und verputztes Erdgeschoss nimmt dabei ebenso Bezug auf regionale Traditionen wie die neue Dachform. Auch die unterteilten Fenster geben sich klassisch, auf große Glasfassaden wurde verzichtet, stattdessen prägen weiterhin Lochfassaden das Erdgeschoss. Im Obergeschoss sind die Fenster der Längsseiten mit markant roten Schiebeläden zu Bändern zusammengefasst. Als zeitgemäße Variante klassischer Fensterläden wählte man Formboardplatten auf Aluminiumrahmen, die durch Perforierungen ornamentiert sind.

Das komplett neu strukturierte Erdgeschoss durchzieht heute ein großer Eingangsbereich. Nach außen kennzeichnen ihn Rücksprünge, die im Rot der Schiebeläden bekleidet sind. Südlich schließt sich der um einen Kamin gruppierte Wohn-/Essraum an: Entlang der Straßenfassade reihen sich hier die Küche, zum Garten der Wohnbereich und entlang der Gebäudeschmalseite der Essplatz.

Das frühere Wohnzimmer – den gartenseitigen Vorbau – nimmt heute ein Schlafzimmer mit Bad ein, sodass das Haus bei Bedarf weiterhin alle Wohnfunktionen auf einer Ebene bietet. Auf dem Dach des Vorbaus befindet sich eine Terrasse vor dem Elternschlafzimmer, das sich im Obergeschoss mit den beiden Kinderzimmern zum Garten hin aufreiht. Eine Galerie mit Luftraum zum Essplatz verbindet beide Wohnebenen.

Ganz klassisch ist die Palette der Materialien: Für das Erdgeschoss wurde, heute selten, ein Terrazzoboden gewählt, für die Böden der Schlafräume, die Treppe und die sichtbaren Dachschrägen Holz. Für größtmögliche Transparenz sorgen dagegen die modernen Glasbrüstungen der Galerie.

rechte Seite Die Aufstockung mit Satteldach macht das Haus zu einem regionaltypischen Bau mit verputztem Erdgeschoss und holzbekleidetem Obergeschoss. Die beiden Anbauten wurden eingeschossig belassen, was dem Gesamtentwurf eine klare Linie gibt.

33

Die Architekten zum regionalen Bezug

Der Ort und die Umgebung wurden zum entwurfsprägenden Element des Umbaus in einer Wohnsiedlung aus den 1960er-Jahren an den Hängen des Schussentals (Region Bodensee-Oberschwaben). Bei Materialien und Formen war es uns wichtig, den Übergang von der Stadt zum Land aufzunehmen.

Für die Gegend typisch ist zum einen die Kombination von Putz- und Holzfassade, zum anderen das Zeigen dieser unterschiedlichen Konstruktionen wie bei einem traditionellen Hofgebäude. Gleiches gilt für das leicht geneigte Dach mit Ziegeldeckung und Dachüberstand. Bei der Ausführung verbindet sich Alt und Neu: traditionelles Handwerk kombiniert mit neuen Fertigungsmethoden, zum Beispiel die vom Schreiner gefertigte Küche mit betonierter Arbeitsplatte oder die gefrästen Muster an den Schiebeelementen des Flachdachgeländers.

Besonderheiten des Projekts

Ein Standardhaus wird regionaltypisch, und das völlig ungekünstelt. Das Alte wurde nicht etwa verziert oder verkleidet, sondern schlichtweg um- und weitergebaut und somit erheblich aufgewertet. So, wie sich das Haus heute präsentiert, steht es aber nicht nur für einen gelungenen Umbau, sondern als gutes Beispiel für den Umgang mit regionaler Bautradition allgemein: Durch wenige Elemente gelang es hier, ein modernes Wohnhaus landschaftlich vertraut erscheinen zu lassen.

oben links Das Obergeschoss steht über einen Luftraum galerieartig mit dem Erdgeschosswohnraum in Verbindung.

oben Auch in der Treppe findet sich eine Kombination aus Tradition und Moderne: die Trittstufen sind in Holz ausgeführt, das Geländer in Flachstahl, dessen Leichtigkeit durch den Verzicht auf Setzstufen unterstrichen wird.

rechte Seite oben Nach dem Umbau gruppiert sich der Wohnbereich um einen großen offenen Kamin.

rechte Seite unten Holz und Weiß wurden auch in der Küche kombiniert, genauso klassisch ist der Fliesenspiegel hinter der modernen Kochzeile.

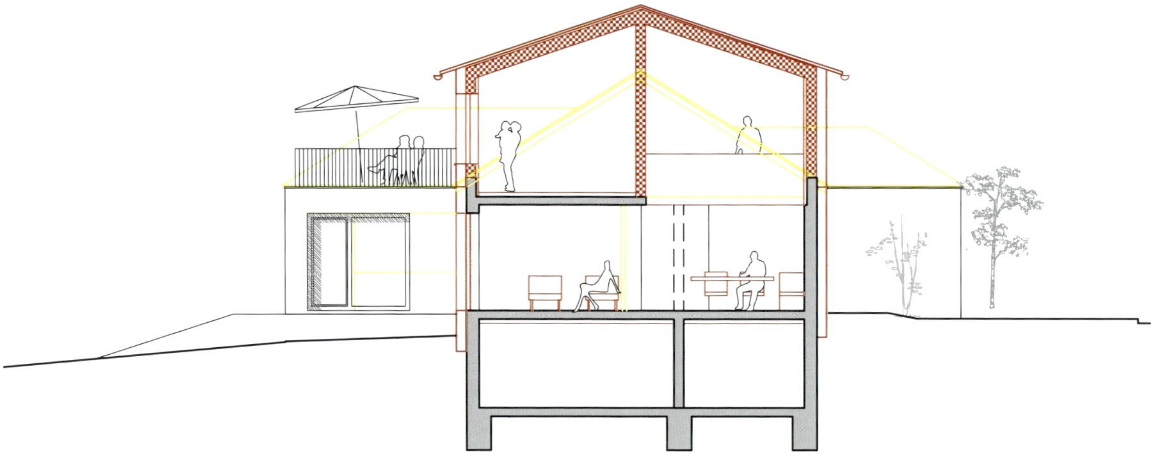

Schnitt

links Hell und freundlich wirkt heute der Eingangsbereich mit Fenstersitzbank.

Lageplan

Projektdaten

Wohnfläche 203 m²

Baustoffe

- Wände: Erdgeschoss (Bestand) Massivbauweise; Obergeschoss (Aufstockung) Holzständerbauweise mit Zellulose-Einblasdämmung
- Fassaden: Erdgeschoss Putz auf Wärmedämmverbundsystem, Obergeschoss hinterlüftete, vorpatinierte Holzfassade
- Dacheindeckung: Ziegel
- Innenwandoberflächen: Erdgeschoss Putz gespachtelt; Obergeschoss Gipskarton
- Fußböden: Erdgeschoss Terrazzoestrich; Obergeschoss Parkett
- Fensterrahmen: Holz-Aluminium; Kiefer, geölt
- Einbaumobiliar: Küche mit Arbeitsplatte aus Beton, Fronten weiß lackiert und Kernbuche; Garderobe in Kernbuche
- Sonstige wichtige Materialien: Schiebeläden Aluminiumrahmen mit Füllungen aus perforierten Formboardplatten; Geländer Dachterrasse aus perforierten Formboardplatten

Beheizung: Holzpelletsofen mit solarthermischer Unterstützung; Grundofen

Fotos: Julia Schostok (Projektfotos), Architekten (S. 44 o.)

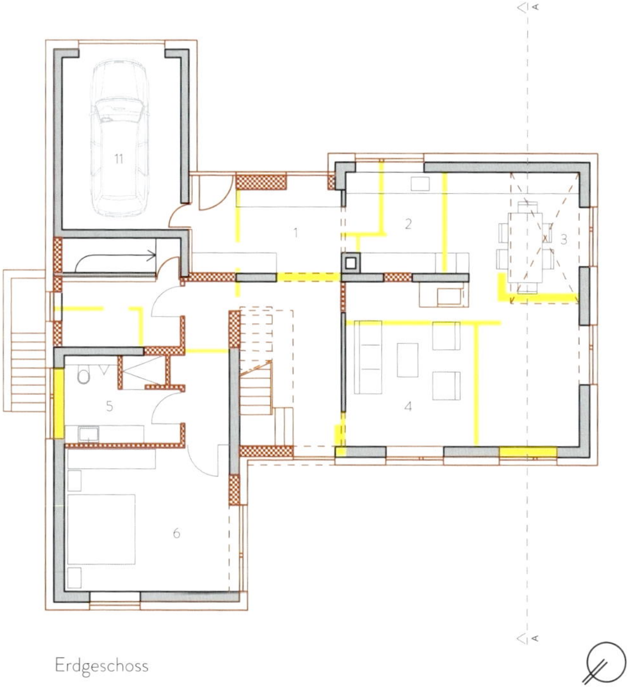

Erdgeschoss

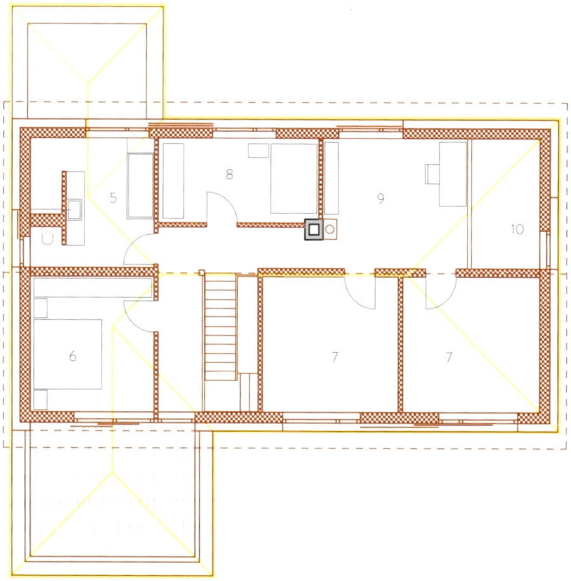

Obergeschoss

1 Eingang
2 Kochen
3 Essen
4 Wohnen
5 Bad
6 Schlafen
7 Kind
8 Gast/Kind
9 Galerie
10 Luftraum
11 Garage

Traditionelles Gehöft des niederbayerischen Dorfes

DEZENT UND TIEFGRÜNDIG

Haus mit Nebengebäude in Egglham/Niederbayern

Stefan Kohlmeier, Arc Architekten Partnerschaft, Bad Birnbach

Als habe man eine der alten Hofanlagen des Dorfs geschrumpft und glattgeschliffen, fügen sich das Haus, sein Nebengebäude und die Grundstücksgestaltung in das Ortsbild ein. Der Entwurf nimmt es mit Bautradition und Regionalität besonders ernst und ist bis in seine letzte Faser intelligent durchdacht. Auf oberflächliche Schaueffekte verzichtete der Architekt konsequent und begriff unprätentiöse Schlichtheit als Teil der dörflichen Bautradition. So weit möglich, stammen die verwendeten Materialien aus dem Umkreis von wenigen Kilometern, ebenso die ausführenden Handwerker. Überwiegend wurden die Materialien naturbelassen eingesetzt, auf untrennbare Kompositmaterialien (mit Ausnahme von OSB-Platten) verzichtet.

Der Entwurf

Wie die umliegende historische Bebauung, besteht die kleine neue „Hofanlage" aus schlichten Riegeln mit flachem Satteldach. Zur Straße hin schirmt das Nebengebäude mit Carport und Lagerraum als Kellerersatz den südorientierten Gartenhof ab. Ein gerader Weg führt von hier zum Wohnhaus, entlang der nach außen geschlossenen Rückseite der Terrassenüberdachung, die den Hof auf seiner Nordseite begrenzt.
Erst auf den zweiten Blick wird deutlich, dass das zweigeschossige Wohnhaus in den Hang geschoben ist. Im so entstehenden Hanggeschoss befinden sich neben Eingangsbereich und Technikräumen insbesondere die Schlafzimmer. Sie ließen sich somit ebenerdig mit dem intimen Gartenhof verbinden, außerdem werden sie durch das dreiseitig anliegende Erdreich und dessen Wärmepufferwirkung zu jeder Jahreszeit gleichmäßig temperiert.
Das bis unters Dach reichende Obergeschoss nimmt im Wesentlichen der große, lichtdurchflutete Wohnbereich mit weiten Aus- und Durchblicken ein. Die Küche bildet das Zentrum zwischen Ess- und Wohnbereich. Eine frei stehende Stampflehmwand zoniert zum nach Süden vollständig verglasten Wohnraum. Nördlich von Essbereich und Treppe befinden sich ein als Gästezimmer und Büro genutzter Raum, daneben Toilette und Speisekammer.
An der Ostseite ermöglicht ein über 10 Meter langes Fensterband einen wunderschönen Ausblick über das in einer Senke gelegene Dorf mit der erhöhten Kirche. Nach Süden sind die Ausblicke auf ein altes Bauernhaus auch aus der hintersten Gebäudeecke an der Stampflehmwand vorbei möglich, nach Westen ermöglicht eine großzügige Verglasung den Bezug zur Terrasse und zum Garten.
Drei Freibereiche ergänzen die Innenräume: die überdachte Terrasse im Hof, nach Osten orientiert und dem Erdgeschoss zugeordnet, ein in den Baukörper integrierter Balkon nach Süden sowie eine Terrasse zur Abendsonne im Westen.
Vorherrschendes Material ist geseiftes und geöltes Holz an Böden, Decken und Wänden; Stahl und Stampflehm setzen Akzente. Auch dort, wo man es nicht auf den ersten Blick sieht, wurde auf natürliche Materialien Wert gelegt. So dient die relativ schwere Dämmung von Dach und Obergeschosswänden nicht nur der winterlichen Wärmedämmung, sondern auch dem sommerlichen Wärmeschutz. Das Hanggeschoss entstand aus Ziegelmauerwerk, innenseitig sind alle Wände mit Raumfeuchte ausgleichendem Lehmputz oder Holzbekleidungen versehen.
Dank hervorragender Nutzung der winterlichen Sonneneinstrahlung durch die großen Glasflächen benötigt das sehr gut gedämmte Haus nur noch wenig zusätzliche Heizenergie. Diese erzeugt – solarthermisch unterstützt – ein Stückholzkaminofen im Eingangsbereich. Das Holz kann aus dem Nebengebäude

oben und unten Zwischen alten Bäumen schmiegen sich Wohnhaus und Nebengebäude an einen sanften Hang.

oben Eine frei im Raum stehende Stampflehmwand zoniert den großen Wohnraum, davor befindet sich die Sitzgruppe.

ebenerdig hereingebracht werden, Wärme steigt direkt über die Treppenöffnung nach oben in die Wohnräume. In den einzelnen Räumen wird über Heizkörper, die in vielen Fällen in Möbel integriert sind, die Wärme verteilt. Eine Lüftungsanlage mit Wärmerückgewinnung versorgt die Wohnräume mit Frischluft. Diese Luftführung hilft, die durch den Kaminofen erwärmte Luft in alle Bereiche zu verteilen. Die elektrische Energie für Lüftung und Umwälzpumpen soll auf Dauer über eine noch zu installierende Photovoltaikanlage erzeugt werden. Passend zum Gesamtkonzept, heizen die Bauherren ausschließlich mit Holz aus der Region.

Die Architekten zum regionalen Bezug

Das neue Wohnhaus befindet sich als Nachverdichtung direkt neben drei denkmalgeschützten Bauernhöfen, die zu den ältesten Gebäuden des Orts zählen und die ursprüngliche dörfliche Struktur widerspiegeln.

Die neue Hofanlage will keine Konkurrenz zu den anderen Höfen aufbauen, sondern versucht durch ihre zurückhaltende Einfachheit die Eigenheiten der bestehenden Gebäude zu stärken. Sie übernimmt Elemente wie Hofstruktur, Gebäudeform, fehlende Dachüberstände, Materialien, Proportionen sowie das Verhältnis von geschlossener zu transparenter Wandfläche und interpretiert diese neu.

Sowohl bei der äußeren Gestaltung als auch im Innenausbau werden wenige, lokale Materialien wie Lehmputz und Holz verwendet, die seit Jahrhunderten die Wohnhäuser der Region prägen – in derselben einfachen Anwendung, jedoch in moderner Formensprache.

Besonderheiten des Projekts

Angenehm zurückhaltend fügt sich der stringente Entwurf in seine dörfliche Umgebung ein. Er greift bis auf seine Großform und die umfangreiche Verwendung von Holz auf den ersten Blick nicht viel Traditionelles auf. Der zweite Blick dagegen verrät eine tiefgehende Auseinandersetzung mit dem Thema. Sie spiegelt sich in einem auch konstruktiv durchdachten Gebäudeensemble wider, das Bautradition ganz klassisch fortführt: Auch schon in früheren Zeiten fügten sich neue Häuser in Großform und Proportionen ein, wurden aber ansonsten im Stil ihrer jeweiligen Zeit errichtet. So gibt sich auch dieser Entwurf selbstbewusst als Bau des 21. Jahrhunderts zu erkennen, ohne jedes historisierende Element. Die Innenräume und Freibereiche bieten eine wohltuende Mischung verschiedener Atmosphären: mal licht und offen, mal intim und geborgen, mal geschützt, mal extrovertiert.

oben Auf der Rückseite der Lehmwand ist die Küche angeordnet, davor der Essplatz.
unten Eine minimalistische Stahlfalttreppe führt ins Wohngeschoss, raumhohe Glasscheiben sorgen für eine unscheinbare Absicherung.

rechte Seite Der voll verglaste Giebel vor der Sitzgruppe bietet einen schönen Blick über die angrenzende Natur und in den nach wie vor bäuerlich geprägten Ort.
unten Hinter dem Essplatz kommt die Treppe nach oben, rechts ein Blick ins Schlafzimmer.

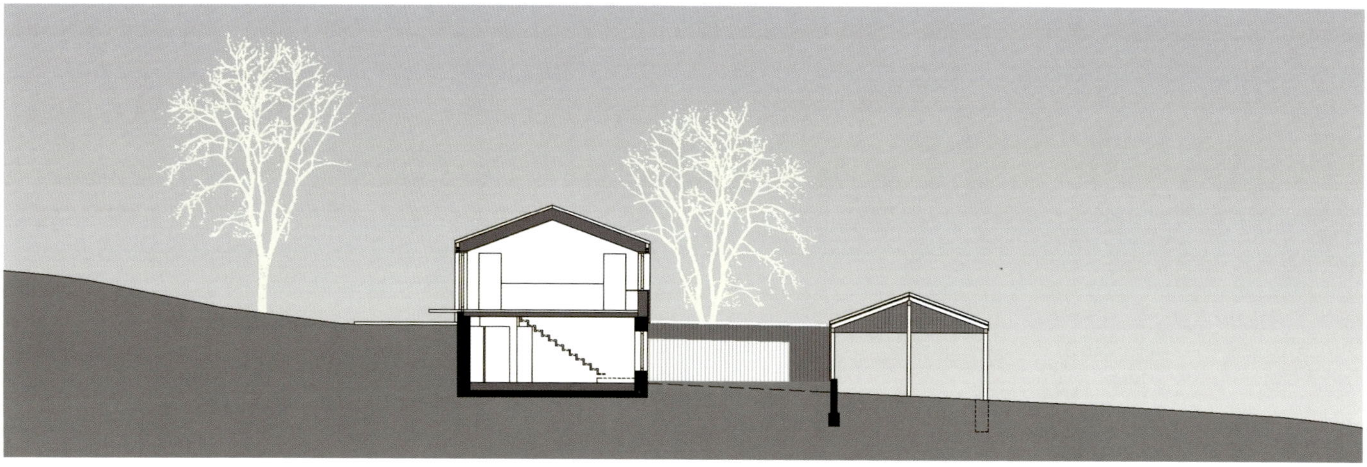

Schnitt

unten beide In beiden Geschossen durchziehen Sichtachsen das Haus von Giebel zu Giebel, links vom Schlafzimmer durch den Wohnraum. Im Hanggeschoss bieten durchgängige Einbauschränke entlang der Sichtachse großzügigen Stauraum und entlasten so die Zimmer.

Projektdaten

Wohnfläche 181 m²

Baustoffe

- Wände: Erdgeschoss Ziegelmauerwerk mit Perlitefüllung; Obergeschoss Holzrahmenbau mit Schilfdämmung
- Fassaden: Erdgeschoss Kalkputz; Obergeschoss Lärchenschalung, unbehandelt, mit unterschiedlichen Brettbreiten
- Dacheindeckung: Tonziegel
- Innenwandoberflächen: Lehmputz, Obergeschoss z.T. Holzverkleidung Fichte astfrei, weiß lasiert
- Fußböden: Tannendielen, gelaugt und weiß geseift
- Fensterrahmen: Holz-Aluminium
- Innenausbau/Einbaumobiliar: Massives Holz mit unbehandelten Stahl

Beheizung: Passive Sonnenenergienutzung über große Fensterflächen, Sonnenkollektoren zur Warmwassererzeugung und Heizungsunterstützung, Kaminofen für Stückholz, Lüftungsanlage mit Wärmerückgewinnung

Fotos: Architekten; Christian Schaulin (S. 51 u., 54, 55)

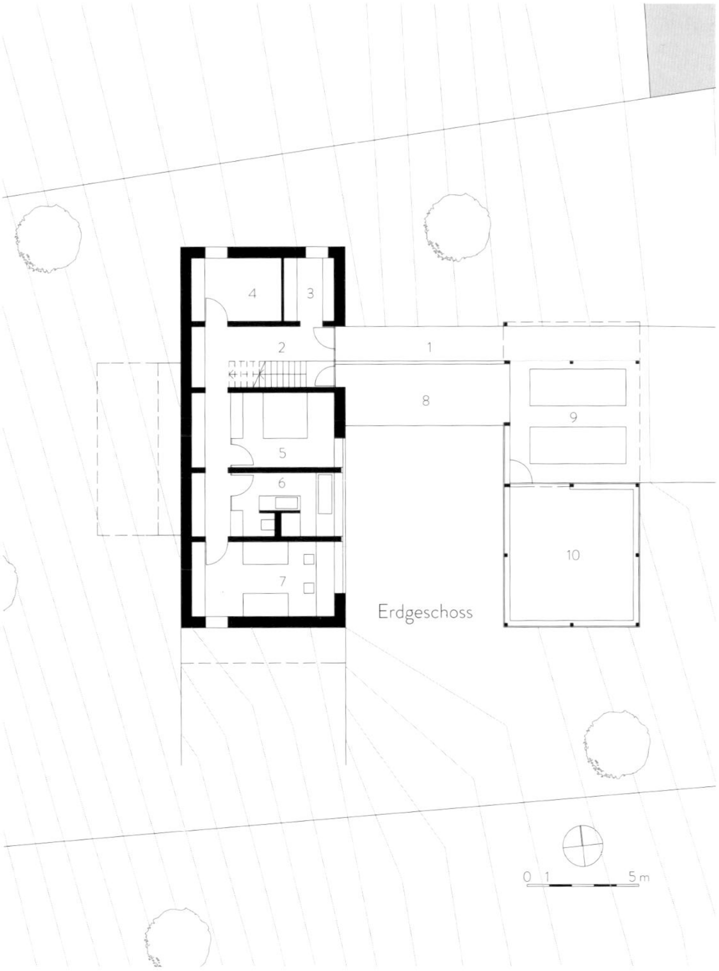

1 Zugang
2 Eingang
3 Garderobe
4 Technik
5 Eltern
6 Bad
7 Kinder
8 Terrasse
9 Carport
10 Lager
11 Gäste/Büro
12 WC
13 Kochen/Essen
14 Wohnen

Der abgebrochene Vorgängerbau

EINGEREIHT

Reihenendhaus in München

arcs architekten, Christian Sandweger, München
mit Architekturbüro Thomas und Urban Frick

Wie definiert man „regionale Tradition" und was genau ist überhaupt eine Region? Auf diese Fragen geht die Einführung ein, und auch dieses Projekt wirft sie auf. Der Entwurf reagiert einerseits auf einen noch recht jungen Baustil, den es in dieser Form von den 1920ern bis in die 1960er-Jahre in weiten Teilen Süddeutschlands gab. Andererseits geht es hier um eine „Region" von der Größe eines Straßenzugs – doch auch ein solcher kann empfindlich gestört werden, wenn Neues den Bestand nicht respektiert.

Der Entwurf ist ein vorbildliches Beispiel dafür, wie sich ein modernes Wohnhaus stilistisch exzellent in ein vorhandenes bauliches Gefüge – sei es nun ein Straßenzug, ein Dorf oder eine größere Region – einfügt und kann daher völlig unabhängig von der oben angesprochenen Definition hervorragende Anregungen zum Thema geben.

Der Entwurf

Der Neubau entstand anstelle eines abgebrochenen Reihenendhauses, einem schlichten zweigeschossigen Siedlungshaus mit traufständigem Satteldach. Dessen Kubatur wurde unverändert übernommen – zumindest scheint es so auf den ersten Blick. Tatsächlich hat der Neubau einen mit filigranen Lärchenholzlamellen bekleideten Anbau erhalten, der sich auf voller Hausbreite einige Meter in den Garten hineinzieht. Das Flachdach des zweigeschossigen Anbaus ist als Dachterrasse vor dem

rechts Die seitliche Silhouette greift die Nachbarbebauung auf, der über sie hinausgehende Gebäudeteil setzt sich mit seiner Holzfassade ab.

links Straßenseitig fügt sich das Haus als modernisierte Variante nahtlos in die alte Häuserzeile ein.
rechte Seite beide Den Großteil des Erdgeschosses nimmt heute ein weitläufiger Wohnraum mit offenem Kamin ein. Dort, wo der Eingangsbereich die Fläche beschneidet, findet sich eine Küche mit breitem Fenster zur Straße, davor der Essplatz.
unten Die Erweiterung gegenüber der ursprünglichen Wohnfläche wirkt wie ein Anbau im Garten und bewahrt somit die ursprünglichen Proportionen.

Schlafbereich der Eltern ausgebildet, der unter dem Dach eine großzügige Ankleide und ein komfortables Bad bietet. Darunter befinden sich die beiden Kinderzimmer mit eigenem Bad sowie ein Arbeits- und ein Gästezimmer.
Die eigentliche Überraschung aber wartet gleich nach Betreten des Hauses im Erdgeschoss: Drei Viertel der Fläche nimmt hier ein im Winkel angelegter, durchgängiger Wohnbereich ein. In dessen straßenseitigem, aufgrund des daneben liegenden Eingangsbereichs schmalerem Teil, liegen Küche und Essplatz, gefolgt vom eigentlichen Wohnraum, dessen Süd- und Westfassade raumhoch und durchgängig verglast ist. Nicht nur der eigene Garten, auch der unmittelbar daran angrenzende Park prägt somit die Innenraumatmosphäre. Als Schutz vor zu viel Sonne und unerwünschten Einblicken lässt sich ein Lamellensonnenschutz vor der Glasfassade herablassen.
Der großzügige Raumeindruck trotz lediglich gut 7 Metern Gebäudebreite resultiert unter anderem aus der Anordnung der Treppe: Sie liegt einläufig an der Trennwand zum Nachbarhaus und ragt somit geringstmöglich in die Grundfläche.
Ihre zwischen Stahlwangen eingefügten Stufen führen den Bodenbelag aus breiten, dunkel geräucherten Eichenholzdielen von Geschoss zu Geschoss fort. Im Kontrast zur rustikalen Basis stehen die Deckenuntersichten in Sichtbeton, verbunden durch die Haustrennwand im gleichen Material. Alle Betonteile wurden vorgefertigt, was die Bauzeit auf gerade einmal fünf Monate verkürzte.
Die Lochfenster des „Altbaus" lassen sich mit Schiebeläden schließen, die an die Klappläden des Vorgängerbaus und der Nachbarhäuser erinnern. Mit ihrer Lamellenstruktur aus Lärchenholz vermitteln sie zudem zwischen „Altbau" und „Anbau". Der Wunsch der Bauherren nach einer möglichst filigranen Tragkonstruktion und Aufhängung der elektrisch steuerbaren Läden erforderte eine Sonderanfertigung mit einem ausgesteiften Winkelrahmenprofil aus Stahl, in das die Holzlamellen eingelassen und mit einer Stoffbespannung hinterlegt wurden. Die verdeckte Aufhängung ist auf ein Minimalmaß reduziert und trägt zudem den integrierten Motorantrieb. Die Holzfassade des Anbaus und die Schiebeläden sind mit einem Vorverwitterungsanstrich versehen, um dem Holz den gewünschten Grauton zu verleihen.

Die Architekten zum regionalen Bezug

Das Reihenendhaus übernimmt die Typologie der umliegenden Siedlungshäuser. Es führt Außenwände, First und Trauflinien fort, sodass sich der Bau harmonisch in die Gesamtanlage integriert.
Die Architekturelemente greifen regionale Bezüge auf, zum Beispiel in Gestalt von Fensterläden und heimischem Holz am gartenseitigen Anbau – allerdings in moderner Interpretation. Als Dacheindeckung dienen, wie bei den Nachbarbauten, Biberschwanzziegel. Der Hauptbaukörper ist mit Putzfassade ausgeführt, auch dies wie bei den Nachbarn.
Der Innenausbau nimmt durch Großdielen in rustikaler Ausführung Bezug auf historische Bodenbeläge. Die frühere Wohnküche, in der das Familienleben hauptsächlich stattfand, wird durch die Zusammenlegung der EG-Räume von Küche, Essen, Spielzone und Wohnen in einem Großraum neu interpretiert. Das offene Wohnkonzept schließt den Garten nahtlos mit ein, auch dieser war grundlegender Bestandteil des Bautyps Siedlungshaus.

Besonderheiten des Projekts

Es ist bemerkenswert, mit wie viel Respekt vor der recht verschlossenen Umgebungsbebauung der Architekt es zugleich schafft, die Wünsche der Bauherren nach einem modernen, offenen Wohnhaus zu erfüllen.
Die Kubatur der alten Häuser wurde eins zu eins aufgenommen, die Erweiterung gegenüber der ursprünglichen Fläche als „Anbau“ gestalterisch abgesetzt. Die Schiebeläden nehmen das Motiv der Klappläden auf. Beides zeigt: In der Tradition eines alten Baustils bauen heißt nicht, sich anzubiedern, sondern sich in Maßstäblichkeit und Proportionen einzufügen.

rechts Der Wohnraum bietet eine Großzügigkeit die man dem kleinteilig wirkenden Haus nicht zutrauen würde. Sie wird betont von der gestalterischen Einbeziehung des Gartens.

Projektdaten

Wohnfläche 160 m²

Baustoffe

- Wände: Ziegel, monolithisch (ohne Dämmung); Kommunwand (und Decken) Sichtbetonfertigteile mit Sichtbetonoberfläche
- Fassaden: Putz; Lärchenholzlamellen, horizontal angeordnet
- Dacheindeckung: Biberschwanzziegel, anthrazit engobiert; Gauben mit Aluminiumverblechung, anthrazitfarben pulverbeschichtet
- Innenwandoberflächen: Glättputz mit besonderem Anspruch an die Ebenheit (Qualitätsklasse Q4)
- Fußböden: Eichendielen mit Astanteil, geräuchert, geölt
- Fensterrahmen: Holz-Aluminium, außen dunkelgrau, innen weiß
- Einbaumöbel: Abseitenabkofferung im Schlafzimmer

Beheizung: Gastherme mit Fußbodenheizung, raumweise mit elektrischem Thermostat gesteuert; zentrale Lüftungsanlage mit Raumluftsensorik mit Wärmerückgewinnung

Fotos: Antje Hanebeck (Projektfotos), Architekten (S. 58 o.)

Untergeschoss

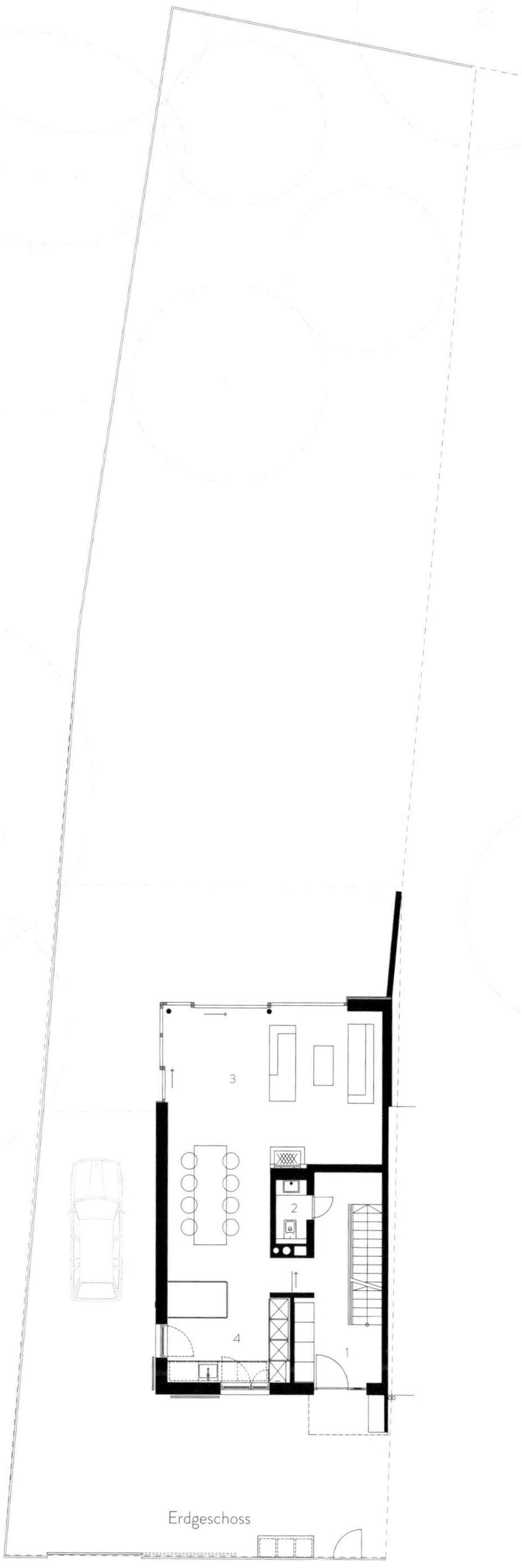

Erdgeschoss

rechts Weiße und hölzerne Oberflächen mit schwarzen Akzenten bestimmen überwiegend die Farbigkeit des Hauses.

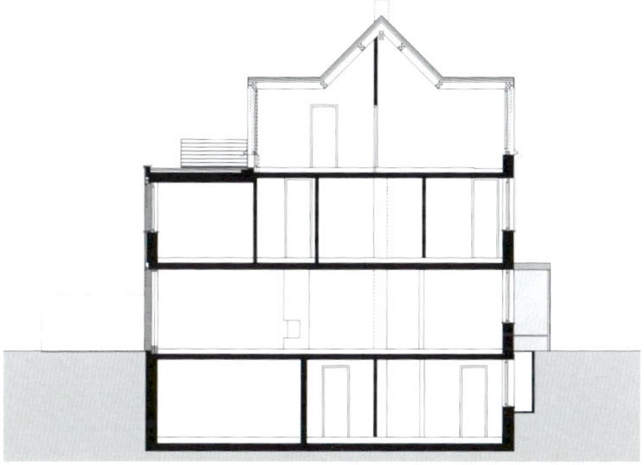

Schnitt

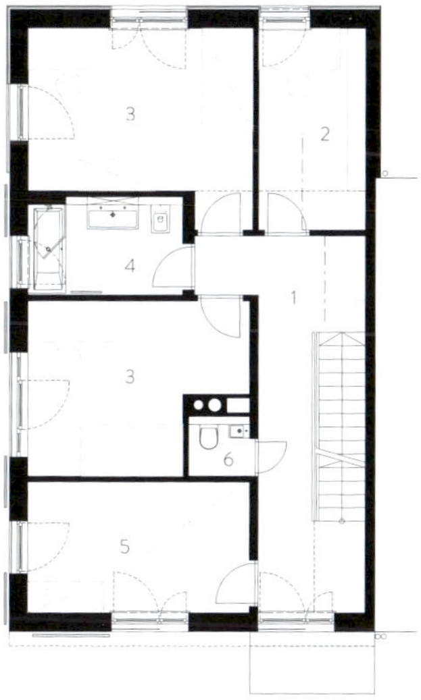

Obergeschoss

1 Flur
2 Arbeiten
3 Kind
4 Bad
5 Gäste
6 Gäste-WC
7 Ankleide
8 Eltern
9 Bad
10 Dachterrasse

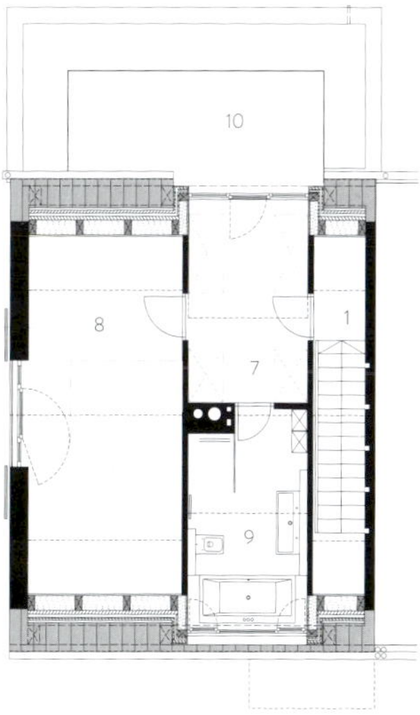

Dachgeschoss

STEINERNE URFORM

Natursteinhaus in Leichlingen/Bergisches Land

denzer&poensgen, Marmagen

Schlichte Häuser mit Satteldach prägen den Ortsteil Hülstrung der Stadt Leichlingen im Bergischen Land. Historisch oft als Fachwerkkonstruktion errichtet, sichtbar belassen oder mit Schiefer bekleidet, ruhen sie auf Sockeln aus Grauwacke, einem einheimischen Naturstein. Repräsentative Gebäude, etwa der ehemalige Rittersitz Haus Vorst, wurden teilweise komplett aus Grauwacke gemauert.
So entschieden sich die Architekten gemeinsam mit den Bauherren, für das neue Einfamilienhaus die typische Form des schlichten „Urhauses" mit einer monolithischen Fassade aus dem heimischen Stein zu kombinieren.

Der Entwurf

Nach Norden und Süden wird das Areal durch die Nachbarbebauung gefasst, entlang der westlichen Seite verläuft die Erschließungsstraße. Nach Osten hin öffnet es sich dagegen zu den Feldern mit einem einzigartigen Blick auf die weite Landschaft. Der Entwurf reagiert auf diese Situation: Im Norden ist das Grundstück mit einer begrünten Arkade und südlich mit einer Hecke gefasst, sodass der eigentliche Gartenraum zu einem abgeschlossenen privaten Refugium wird. Ein Weg führt von der Straße bis zum hinteren Ende der Parzelle, vorbei am Hauseingang bis hin zu einem offenen Sitzplatz.
Von der Straße aus steigt das Gelände leicht an. Dies spiegelt sich im Inneren des schlichten Satteldachbaukörpers wider: Der Essplatz und die zu ihm orientierte Küche befinden sich auf dem Niveau des Gartens, mit dem sie über ein bodentiefes Fenster verbunden sind. Der straßenseitige Wohnbereich liegt einige Stufen tiefer und erreicht somit eine Raumhöhe von etwa 4 Metern. Sein großes Fenster wirkt nach außen eher unscheinbar, hat im Inneren jedoch eine Brüstungshöhe von

unten Nach außen erscheint das Gebäude auf den ersten Blick wie ein schlichtes Siedlungshaus ohne Dachüberstände.

oben Auch zur Straße weist nichts auf die fließenden Räume und den 4 Meter hohen Wohnbereich im Inneren hin.
unten Die Materialität des Orts: der Natursteinfassade des Hauses wurde ein hölzerner Schuppen gegenübergestellt.

1,80 Metern. So wird der Raum von Licht durchflutet und bleibt dennoch von Einblicken verschont. Gestalterisch verbunden sind beide Ebenen durch die Vorblendschale der Giebelwand, die hier auch im Inneren das Material Grauwacke aufgreift. Kontrastierend fügt sich ein offener Kamin in Sichtbeton ein.
Im Obergeschoss befinden sich die Schafzimmer, ein weiteres Bad sowie ein Arbeitszimmer. Die Räume reichen hier bis unter das Dach, sodass die Kinderzimmer um eine Galerie ergänzt werden konnten. Ein begehbarer Kleiderschrank komplettiert das Elternschlafzimmer und bietet – wie andere Einbauschränke im Haus – viel Stauraum.

Die Architekten zum regionalen Bezug

Unsere Aufgabe bestand darin, ein Wohnhaus zu entwickeln, das einerseits die Gegebenheiten des Orts aufnehmen und andererseits genügend Raum für eine vierköpfige Familie schaffen sollte. Das ansteigende Gelände Richtung Garten, die regionaltypischen Materialien Holz und Grauwacke sowie die Ausrichtung zum Licht bilden die wichtigsten Parameter für unser Konzept.
Die Fassaden – das Haupthaus aus Grauwacke und das Nebengebäude aus Holz – stehen im Zusammenspiel mit historischen Wohnhäusern und den Holzschuppen im Ortskern. So entsteht ein weiterer Transfer zur traditionellen Bauweise. Entstanden ist eine „neue Architektur“, die sich einerseits aus der Architektur des Orts ableitet und andererseits genügend Raum schafft, um ein Miteinander zwischen historischer Bausubstanz und moderner Architektur zu gewährleisten.

Besonderheiten des Projekts

Zugegeben: Häuser in der schlichten „Urform des Hauses", also einem schlichten Kubus mit Satteldach, finden sich nicht nur in Leichlingen. Sie sind omnipräsent. Doch gerade deswegen ist eine stete Rückbesinnung auf diese Form in vielen Fällen ein guter Ansatz, wenn es um Einfügen eines Neubaus in eine gewachsene Bebauung geht – dass es ein entwurfliches Merkmal auch in anderen Regionen gibt, mindert ja nicht den auf eine bestimmte Region, einen bestimmten Ort bezogenen Effekt. Ein Satteldachhaus aus lokalem Stein in heutiger Präzision zu erstellen, hat etwas bestechend Einfaches. In Kombination mit Innenräumen, deren Vielschichtigkeit vom monolithischen Äußeren kaschiert wird, entstand ein Haus, das seinen Bewohnern zeitgemäße, hohe Wohnqualität bietet, sich nach außen jedoch so bescheiden gibt wie die Nachbarbauten.

unten beide Einen Großteil des Erdgeschosses nimmt der Wohnbereich in Split-Level-Anordnung ein. Auf dessen oberer, zum Garten orientierter Ebene befindet sich der Essplatz. Der Kamin in Sichtbeton setzt einen markanten Akzent vor der Giebelwand, die die Naturstein-Materialität der Fassaden aufgreift.

links Die Räume im Dachgeschoss reichen bis unters Dach – Raum, der sich gut nutzen lässt.
Rechte Seite Harmonische Schlichtheit auch im Treppenraum, der über ein Dachfenster sanft belichtet wird.

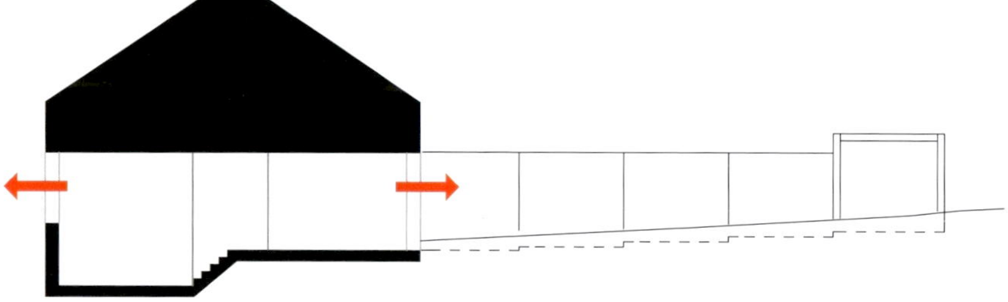

Schnitt

Projektdaten

Wohnfläche 184 m²

Baustoffe

- Wände: Bimsmauerwerk
- Fassade: Grauwacke, gemauert
- Dacheindeckung: Faserzementplatten, Doppeldeckung
- Innenwandoberflächen: glatt verputzt; Bruchsteinmauerwerk; Sichtbeton
- Fußböden: Eichendielen
- Fensterrahmen: Holz
- Sonstige wichtige Materialien: Kamin aus Sichtbeton; Nebengebäude aus Lärche

Beheizung: Gas-Brennwerttherme über Fußbodenheizung

Fotos: Rainer Mader

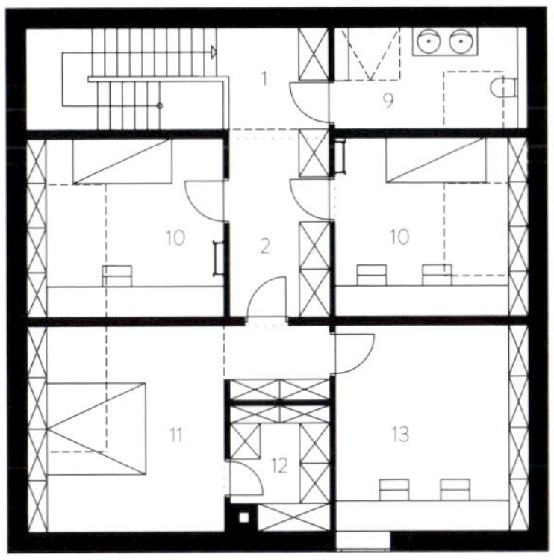

Obergeschoss

1 Zugang
2 Flur
3 Garderobe
4 Bad
5 Gästezimmer
6 Hauswirtschaftsraum
7 Kochen/Essen
8 Wohnen
9 Bad
10 Kind
11 Schlafzimmer
12 Ankleide
13 Arbeitszimmer

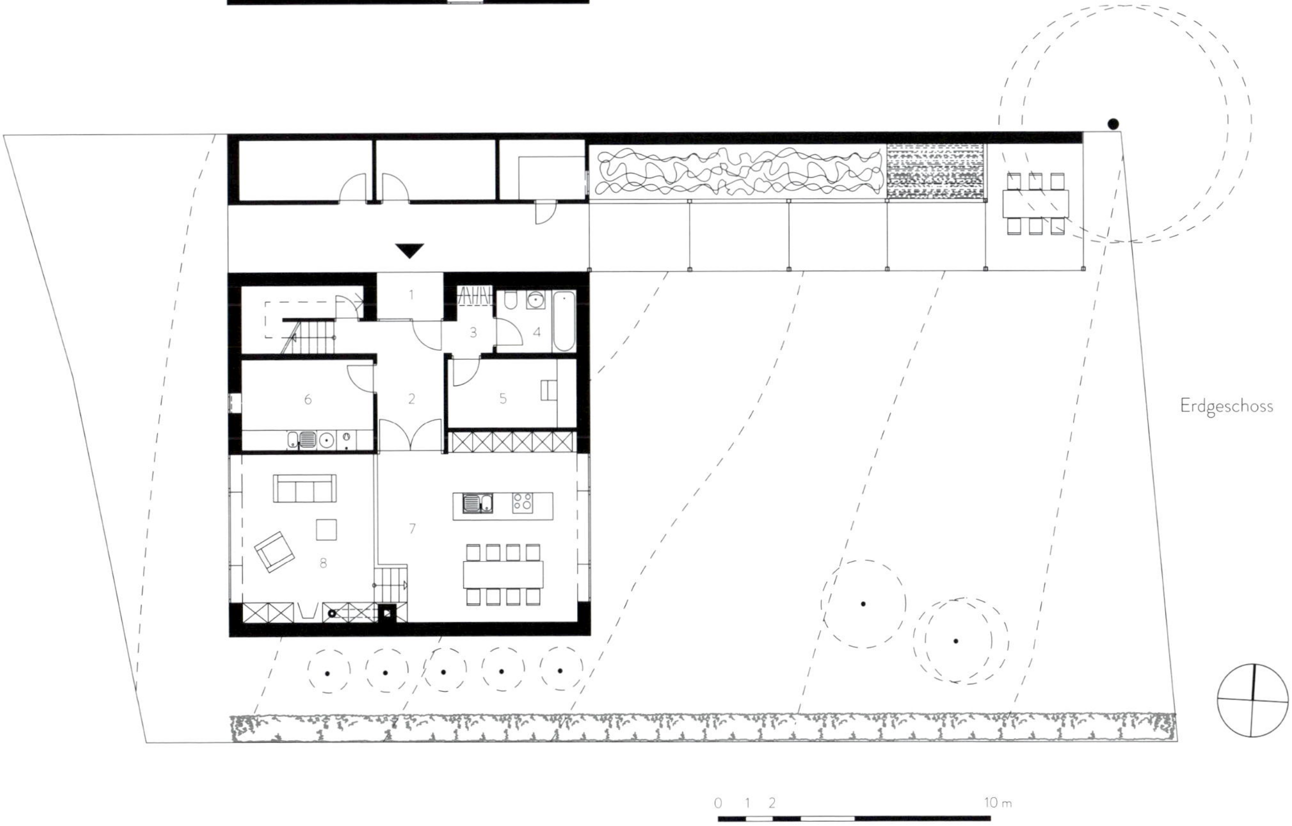

Erdgeschoss

Typisches brandenburgisches Gutsarbeiterhaus

AUFGELOCKERTE TRADITION

Landhaus in der Schorfheide/Mecklenburgisch-brandenburgische Seenplatte

de+ architekten, Jan Dilling und Claudia Euler, Berlin

Ein Haus auf dem Land als Treffpunkt für die Familie, zum Feiern mit Freunden, zum Genießen der Natur unmittelbar vor der Tür, im eigenen Garten – kein ungewöhnlicher Wunsch einer Berliner Großstadtfamilie. Umso ungewöhnlicher dafür, wie die Architekten ihn hier umsetzten: Es entstand weder einer der banalen Bauten, wie sie in Neubaugebieten brandenburgischer Dörfern häufig sind, noch eines der pseudohistorischen Bauwerke mit manieristisch zusammengewürfelten Stilelementen, wie man sie hier ebenfalls antreffen kann. Nein, der Entwurf von de+ architekten in Brodowin fügt sich in seiner Großform perfekt in die typische Bebauung ehemaliger Guts- und Bauerndörfer in Brandenburg und Mecklenburg-Vorpommern ein. Die Ausgestaltung dagegen gibt sich völlig eigenständig, als erfrischender Kontrast zur häufigen Tristesse der historischen Vorbilder.

rechts Schwarz-bunt wirkt das Haus auf den ersten Blick, wie gut es sich einfügt, wird im Gesamtzusammenhang deutlich: Es passt besser ins dörfliche Bild als die beiden angrenzenden, vermeintlich klassischen Nachwende-Neubauten.

oben Das Haus nimmt die typische Kubatur mecklenburgischer und brandenburgischer Gutsarbeiterhäuser auf und verleiht ihr durch das Spiel mit den Fassadenöffnungen Lebendigkeit.
rechte Seite Zentraler Raum des Hauses ist die bis unter den First reichende Wohnküche, deren Seitenwand das Spiel mit den äußeren Fassadenöffnungen aufgreift.
unten Lauschige Kaminatmosphäre zwischen Holzboden und Betondecke.

Der Entwurf

Es ist ein typisches Bild besagter Dörfer: Langgestreckte, gedrungene Riegel mit steilem Satteldach säumen die Durchgangsstraße. In früheren Gutsdörfern – und das sind die meisten – waren das die Wohnhäuser der Landarbeiter. In ehemaligen Bauerndörfern stehen die Häuser etwas luftiger, mit mehr Abstand und häufig durch einen Sockel ein Stück weit vom feuchten Erdreich abgehoben, was ihre Proportionen weniger gedrungen macht.
Insbesondere die Gutsdörfer strahlen heute oft eine seltsame Melancholie aus. Die Häuser wurden in den vergangenen Jahrzehnten mal mehr, mal weniger überarbeitet, mal ansprechend, mal banal bis unästhetisch. Wird ein Neubau errichtet, dann meist vermeintlich kostengünstig und nichtssagend.
Tatsächlich kostengünstig gebaut wurde das hier vorgestellte Haus, jedoch alles andere als banal. Die Satteldachriegel-Form der alten Vorbilder in ihren Proportionen eins zu eins aufnehmend, entwickelten die Architekten ein Haus-im-Haus-Konzept: Über das gedacht weiße Haus stülpten sie eine schwarze Hülle, deren Fensterausschnitte deutlich größer sind als die des eigentlichen Baukörpers. Auch wenn sich dieser Gedanke dem Betrachter nicht zwangsläufig erschließt, überzeugt das Ergebnis als verspielte, lebendige Abwandlung der historischen Typenmuster.
Auch im Inneren geht es luftiger zu als früher: den mittleren Teil des dreigeteilten Hauses nimmt über beide Geschosse bis unters Dach eine Halle mit Essplatz und Küche ein. Im Erdgeschoss schließt einerseits das Bibliothekszimmer mit Kamin an, andererseits die Bäder und ein Schlafzimmer für Bewohner oder Gäste, für die die Treppe ins Obergeschoss ein Hindernis darstellen würde. Genau genommen sind es zwei Obergeschosse auf einer Ebene, unterbrochen durch den Luftraum der Halle. Mehrere Schlafzimmer stehen hier zur Verfügung.
Das Ziel des kostengünstigen Bauens wurde mithilfe einschaliger Ziegelwände, den Verzicht auf einen Keller, sichtbar belassene Betonflächen und andere einfache Materialien erreicht. Auch die einfache Bauform trug dazu bei. Über dem Industrieparkettboden erheben sich schlicht verputzte Mauern und weiß gestrichene Decken- und Dachuntersichten.
Sinnvoll investierten die Bauherren dagegen in eine kleine Solarthermieanlage. Deren Leistung ergänzt eine Gastherme für Heizung und Warmwasser an kühlen Tagen. Während das Erdgeschoss eine Fußbodenheizung erhielt, wurden im Dach Heizkörper installiert. Den Bau und die damit verbundenen Kosten

für eine Garage und ein Atelier verschob man auf eine spätere Bauphase. Trotz aller Sparsamkeit aber soll das Haus auch gefallen. Hierfür spendierte man ihm eine eindrucksvoll schwarze Fassade aus grobem, mineralischem Edelkratzputz, die Fenster abgesetzt durch weiße Einfassungen – das „hervorscheinende weiße Haus“ –, die Türen orange und rot lackiert.
Nicht auf die Baukosten, dafür auf die laufenden Kosten wirkt sich positiv aus, dass die Bauherren das Haus als Ferienwohnsitz vermieten, wenn sie es selbst gerade nicht nutzen.

Die Architekten zum regionalen Bezug

Das für seine ökologische Landwirtschaft bekannte Straßendorf Brodowin gehört zur Gemeinde Chorin mit ihrem berühmten Kloster und liegt in einer Feriengegend südwestlich des Parsteiner Sees im uckermärkischen Umland Berlins.
Als wir das hauptsächlich in den Ferien genutzte Wohnhaus an der ruhigen Dorfstraße zu planen begannen – unweit des Angers und der kleinen Backsteinkirche –, stand außer Frage, dass der Entwurf sensibel auf den Kontext reagieren, sich sowohl atmosphärisch als auch formal einfügen sollte. Letzteres bedingte den Entwurf eines einstöckigen und besonders langgestreckten Satteldachhauses. Gleichzeitig galt es, nicht nur eine zeitgemäße Interpretation der traditionellen Hausgestalt zu erarbeiten, sondern auch für ein sympathisches, fröhlich zugewandtes Auftreten zu sorgen, handelt es sich doch um einen Ort der Entspannung und des freizeitlichen Miteinanders – auch mit den Dorfnachbarn.
So entspricht das neue Haus nun in Gestaltung, Form und Maßen den ortstypischen Bauern- und Wohnhäusern. Für die Ausbildung der Fenster sowie die Farbgebung wurden dagegen moderne Elemente verwendet.
Die Außenwände sind monolithisch erstellt, mit einem einfachen Putz auf der Außenseite, ohne zweischalige Konstruktion oder gar ein Wärmedämm-Verbundsystem. Das Dach ist, ebenfalls traditionell, ein Holzpfettendach mit Tonziegeln. Es wurden nur Firmen aus der Region beauftragt. Die verwendeten Materialien, wie die Tonziegel, mineralischer Putz, Konstruktionsholz, Parkettboden, sind alle natürlich und ortstypisch.

Besonderheiten des Projekts

Die Großform des Neubaus fügt sich so perfekt ein, dass man meinen könnte, ein modernisiertes altes Landarbeiter- oder Bauernhaus vor sich zu haben. Dass das Gebäude mit einem solchen im Inneren nicht das Geringste zu tun hat und sich stattdessen modern und großzügig präsentiert, überrascht angenehm. Wenig regionaltypisch mag die schwarze „Hülle“ des Hauses sein, in Kombination mit den weißen, unregelmäßigen Fenstereinfassungen bewirkt sie jedoch eine Leichtigkeit, die dem Bautyp guttut.

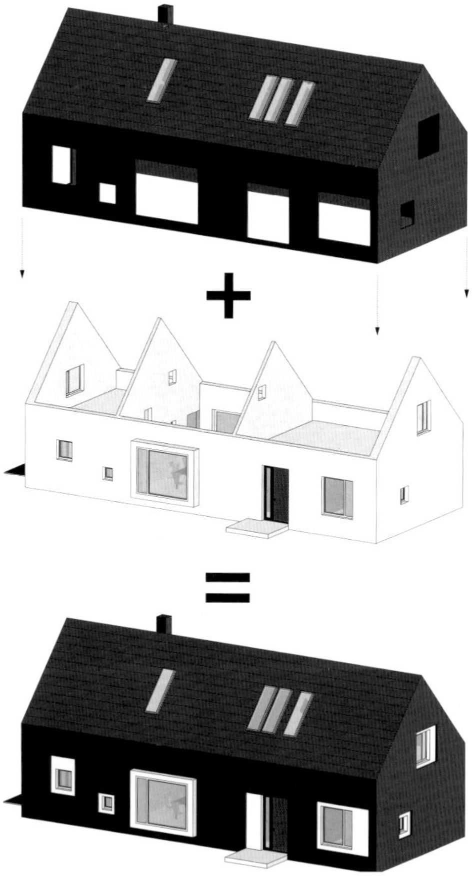

links Die Architekten definierten ihren Entwurf als weißes Haus, über das eine schwarze Hülle gestülpt wurde.
rechte Seite Großzügig, hell und modern: während die übrigen Räume die Kleinteiligkeit des historischen Vorbilds aufgreifen, steht die Wohnküche hierzu im Kontrast.

Projektdaten

Wohnfläche 149 m^2
Baustoffe
- Wände: Ziegel mit Mineralwollefüllung
- Fassaden: Mineralischer Kratzputz, anthrazit; Fensterfaschen: weißer Filzputz
- Dacheindeckung: Tonziegel
- Innenwandoberflächen: Kalkgipsputz, teilweise gestrichen
- Fußböden: Eichenindustrieparkett
- Fensterrahmen: Holz, weiß gestrichen

Beheizung: Gastherme; Solarthermie

Fotos: Architekten/Jan Dilling

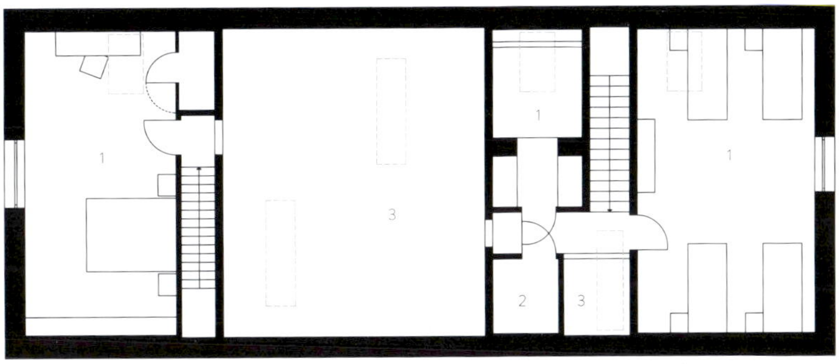

1 Schlafen
2 Abstellraum
3 Luftraum

Obergeschoss

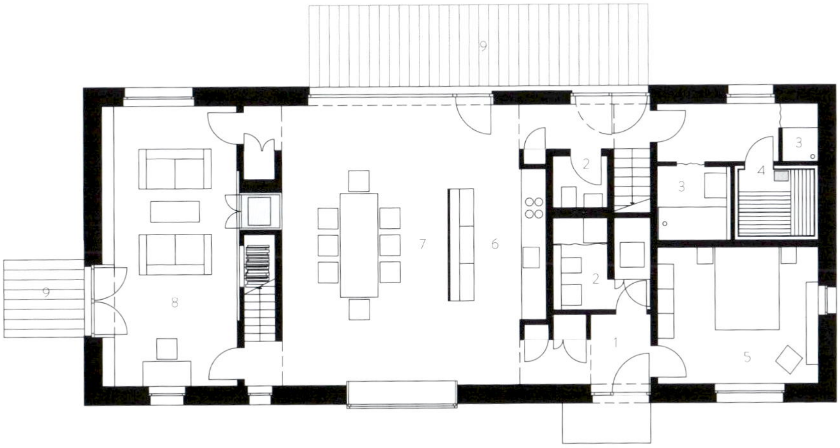

1 Eingang
2 WC
3 Bad
4 Sauna
5 Schlafen
6 Kochen
7 Essen
8 Bibliothek
9 Terrasse

Erdgeschoss

Stadthaus in Regensburg

SELBSTBEWUSST UND DEMÜTIG

Stadthaus in Regensburg

DOEMGES ARCHITEKTEN, Regensburg

Historische Städte wie Regensburg sind bei Touristen wegen ihrer weitgehend erhaltenen alten Bebauung beliebt. Hier ein modernes Haus zu errichten – allein der Gedanke erschiene vielen als Frevel. Übersehen wird dabei gern, dass auch in früheren Jahrhunderten beständig neue – und damals „moderne" Gebäude in die vorhandene Struktur eingefügt wurden. Der bedeutende Unterschied zu vielen als Bausünden titulierten Neubauten, die seit der Nachkriegszeit entstanden sind: Bis in die 1920er-Jahre orientierten sich solche Gebäude in Proportion und Maßstäblichkeit in der Regel am ringsum Vorgefundenen. Auch die Materialien waren ähnlich, stammten sie doch meist aus der näheren Umgebung.

Bei neuen Entwürfen das Alte schlichtweg nachzuahmen, dazu sah jedoch niemand eine Veranlassung. Besann man sich auf die Vergangenheit, etwa im Klassizismus, so nahm man antike Baustile zum Vorbild.

Der hier gewählte Entwurfsansatz ist somit an Tradition kaum zu überbieten: Das kleine, mehrgeschossige Wohnhaus fügt sich mit seiner schmalen Satteldachkubatur perfekt ein, füllt den somit abgesteckten Raum dann aber ohne jedes stilistische Zitat, völlig neu und modern.

Der Entwurf

Für seine eigenen Eltern plante der Architekt einen Alterswohnsitz. Das im Familieneigentum befindliche Grundstück liegt auf einer Donauinsel gegenüber der Regensburger Altstadt, umgeben von eng stehenden, überwiegend historischen Gebäuden. Schmal, aber tief und zweiseitig bis an die Grundstücksgrenze von Bebauung umschlossen, bot es die Herausforderung, auf beengtem Platz ein lichterfülltes Haus mit Privatsphäre und Wohnqualität zu schaffen.

Der Architekt übernahm das Prinzip des Hinterhofs, wie er bei vielen Häusern der Umgebung zu finden ist, interpretierte diesen jedoch neu. Um einen kleinen, geschützten Freibereich gruppieren sich im Erdgeschoss die beiden Schlafräume und das Bad, Letzteres aufgrund der geringen Gebäudebreite als Durchgangsraum zum hinteren Schlafzimmer.

Wohnraum und Küche fanden ihren Platz im Obergeschoss. Eine davor angeordnete Dachterrasse auf dem Dach des hinteren Schlafraums bietet auch hier einen Freibereich und staffelt das Gebäudevolumen nach hinten ab. Im Dachgeschoss entstand ein Atelier als offene Galerie zum Wohnraum.

rechte Seite Auch dieses Haus übernimmt die Großform seiner traditionellen Nachbarn, um sie Spiel mit den Fassadenöffnungen neu zu interpretieren.

14
Am Gries
(Stadtamhof)
12

rechts Zweigeschossig gibt sich der Wohnraum, ergänzt durch eine Galerieebene; rechts im Hintergrund die Küche.

Bewusst zeitlos und ohne näheren Bezug zu Historischem wurden die Innenräume gestaltet. Mit glatten, weißen Wand- und Deckenoberflächen sowie teils hellem, teils geräuchertem Eichenparkett stellen sie eine neutrale Kulisse zur individuellen Ausgestaltung durch die Bewohner dar.

Die Architekten zum regionalen Bezug

Der Gries im Regensburger Stadtteil Stadtamhof ist eine ehemalige Fischersiedlung. Kleine Häuser und schmale, tiefe Grundstücke bestimmen noch heute größtenteils die bauliche Struktur. Vorn wurde gewohnt, nach hinten folgen Höfe mit Holzschuppen und Nebengebäuden. Der Neubau lehnt sich in Maßstab, Proportion und Material an diesen Haustyp an, wählt aber eine zeitgemäße Sprache für den Fensterrhythmus, nach hinten öffnet sich das Haus großzügig verglast.
Wie in den traditionellen Fischerhäusern wird im ersten Obergeschoss gewohnt; ein kleiner Innenhof zur Belichtung ist ebenfalls eine Reminiszenz an die Wirtschaftshöfe der Fischer- und Handwerkerhäuser der Umgebung. Dadurch kommt Licht bis ins Erdgeschoss auf dem ansonsten voll überbauten Grundstück. Gleichzeitig gelingt es dadurch, Privatsphäre und hohe Wohnqualität im Inneren zu erzeugen und die Schlafräume und das Bad zu belichten. Der hölzerne rückwärtige Anbau nimmt die Sprache der Schuppen und Lagergebäude der alten Handwerkshäuser auf und schafft eine private Atmosphäre mit Freisitz zum Wohnen.

Besonderheiten des Projekts

Wäre das leicht hervorspringende Kastenfenster in der straßenseitigen Giebelfassade nicht, den meisten Passanten würde der Neubau wohl kaum als solcher auffallen. Und dies, obwohl er sich ansonsten gestalterisch von der gebauten Umgebung durchaus absetzt. Besser als hier kann es kaum gelingen, ein rundum modernes Gebäude selbstbewusst, aber harmonisch und mit würdevoller Demut in ein über Jahrhunderte gewachsenes Stadtbild einzufügen. Auch wenn das Haus in Regensburg steht – als Vorbild kann es für jede andere historische Stadt dienen.

Lageplan

oben Das Bad ist zugleich Durchgangsraum zum Schlafzimmer im Hintergrund, rechts der Blick in den Innenhof.
rechte Seite unten Der kleine Innenhof greift ein ortstypisches Motiv auf und bringt Licht auch in die unteren Räume.
unten Die Küche schließt im Winkel offen an den Wohnraum an, sie hat Zugang zur Dachterrasse über dem Schlafzimmer.

Erdgeschoss

Obergeschoss

Galeriegeschoss

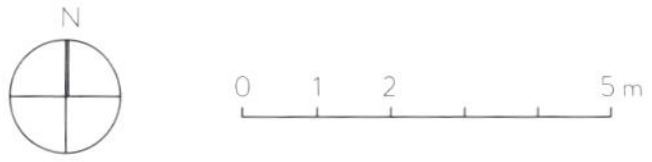

1 Eingang
2 WC
3 Abstellraum
4 Zimmer
5 Bad
6 Schlafen
7 Innenhof
8 Wohnen
9 Essen
10 Kochen
11 Dachterrasse
12 Galerie
13 Luftraum

Projektdaten

Wohnfläche 125 m²

Baustoffe

- Wände: Dämmziegel, 36,5 cm
- Fassaden: Natursteinsockel; Putz mit Besenstrich; Lärchenholz
- Dacheindeckung: Ziegel; Stehfalzverblechungen
- Innenwandoberflächen: Putz, gestrichen
- Fußböden: Eichenparkett, hell und geräuchert
- Fensterrahmen: Lärchenholz, gestrichen

Beheizung: Pelletsofen; Solarthermie

Fotos: Erich Spahn (Projektfotos), Architekten (S. 78 o.)

Alte Holzhäuser des Dorfes

DIE LANDSCHAFT IN DEN BLICK GERÜCKT

Holzhaus bei Davos (Schweiz)

k_m architektur, Bregenz (Österreich)/Balgach (Schweiz)

Das zweistöckige Wohnhaus mit Satteldach und Garage steht in unmittelbarer Nähe eines kleinen Sees. Das Grundstück fällt auf dem hinteren Bereich steil ab, im Zuge einer Dorferweiterung wurde es zur Bebauung ausgewiesen. Die hier entstehenden Neubauten in Kubatur, Dachform und Materialität an den Bestand anzupassen, gehörte zu den baulichen Vorgaben.
Das Beispiel zeigt, dass solche Vorgaben durchaus ihre Berechtigung haben können – wenn sie, wie hier, angemessen und durchdacht sind sowie von den richtigen Planern entwurflich umgesetzt werden.

Der Entwurf

Der längliche Baukörper steht senkrecht zum Geländeverlauf in Ost-West-Richtung auf der Parzelle. Das Erdgeschoss entwickelt sich als eingeschossiger Flachdachanbau weiter bis zur Nachbargarage. Neben den Autoabstellplätzen fand hier eine Sauna Platz. Über einen tiefen Eckeinschnitt im Baukörper betritt man das Haus witterungsgeschützt von außen. Den von seinen eleganten hölzernen Einbauschränken geprägten Eingangsbereich erreicht man auch über eine Schmutzschleuse von der Garage aus. Die beiden Kinderzimmer an der westlichen Giebelseite lassen sich über eine Schiebewand bei Bedarf zu einem großen Raum verbinden.

rechts Bei solch einem Ausblick tut die Architektur gut daran, sich so weit wie möglich zurückzunehmen.

oben Für die neue Bebauung am Ortsrand gab es strenge Gestaltungskriterien, im Vordergrund ein Bestandsgebäude.
rechte Seite oben Über den komplett verglasten Giebel wird die Landschaft zum Bestandteil des Wohnraums. Der Küchenblock geht nahtlos über in den offenen Kamin.
rechte Seite unten Die Abtrennung von Schlafzimmer und Büro wirkt wie eine große, eingestellte „Kiste".
unten Das Obergeschoss wurde scheinbar auf das Erdgeschoss lose aufgelegt, eine tief in die Gebäudeecke eingeschnittene Loggia bietet einen geschützten Freibereich vor dem Elternschlafzimmer.

Um eine bessere Besonnung zu erreichen und wegen des hochalpinen Klimas mit viel Schneefall wurde der giebelseitig komplett verglaste Wohn-/Essraum mit offener Küche im Obergeschoss untergebracht. Er reicht bis unters steile Satteldach, was wesentlich zu seinem großzügigen Charakter beiträgt. Die gestalterische Ruhe des rundum mit Holz bekleideten Raums und seiner unaufgeregt-schlichten Ausstattung lässt den Ausblick auf das nahe Bergpanorama umso besser zur Geltung kommen. Ein großes Vordach schützt die Terrasse in Fortsetzung des Wohnraums, verschattet die Glasflächen und schützt somit vor sommerlicher Überhitzung. In den Wintermonaten hingegen wird die Sonneneinstrahlung als passiver Energiebeitrag optimal genutzt. Eine geschlossene Brüstung umschließt Richtung Süden und Westen den gesamten Koch- / Ess- / Wohnbereich mit Terrasse und schützt so vor Einblicken.
Während der Küchenhochschrank mit seiner hölzernen, raumhohen Front die Treppe verdeckt, geht der frei stehende, glatt-weiße Küchenblock nahtlos über in einen etwas höheren, weiß verputzten Kamin. Den östlichen Teil des Obergeschosses nehmen das Elternschlafzimmer mit Bad und ein Büro ein. Der Dachraum über den Zimmern lässt sich mit einer Leiter erschließen und als zusätzliches Übernachtungslager nutzen.
Beheizt wird das Gebäude mit einer Erdwärmepumpe. Eine Photovoltaikanlage in der Fassade ist konstruktiv vorgesehen und kann jederzeit nachgerüstet werden – das Dach ist hierfür aufgrund der örtlich anfallenden großen Schneemengen nicht geeignet. Fassade, Fenster und Deckenverkleidung bestehen einheitlich aus unbehandeltem Weißtannenholz, das im Außenbereich mit der Zeit silbrig-grau wird. Boden- und Terrassenflächen sind in unbehandeltem Eichenholz ausgeführt. Der Betonboden im Eingangsbereich ist robust und erinnert an alte Terrazzoböden. Für das Bad wurde Naturstein als Belag gewählt.

Die Architekten zum regionalen Bezug

Die Landwirtschaft mit ihren bäuerlichen Gebäuden, Hütten und Scheunen [illegible]gt seit jeher die alpine Landschaft. Die archetypische Form eines klassischen Satteldachs und eine angemessene Kubatur und Materialität kennzeichnen das Gebäude und stehen im Dialog mit der Landschaft und der Dorfstruktur. Traditionelle Bauweisen werden fern von Chalet-Chic neu interpretiert. Das Wohnhaus schafft eine zeitgemäße Ergänzung und Erweiterung des Dorfgefüges.
Der Innenraum wird geprägt durch Holzoberflächen und andere naturbelassene Materialien. Der zentrale Holzofen greift ein weiteres Element regionaler Baukultur auf.

Besonderheiten des Projekts
Das schlichte Holzhaus mit filigraner Verschalung und markanten Einschnitten würde sich in vielen alpenländischen Regionen bestens einfügen. „Regionaler Baustil" bedeutet schließlich nicht, dass es diesen Stil nicht auch andernorts geben darf. Vielmehr weisen Gegenden mit ähnlicher Landschaft, ähnlicher Witterung und vergleichbaren Rohstoffen historisch gesehen oft auch ähnliche Baustile auf – schließlich entwickelten sich diese ursprünglich nicht aus einem Gedanken des Designs, sondern aufgrund der örtlichen Erfordernisse.
Der Entwurf zeigt einmal mehr die gestalterische Vielseitigkeit von Holz und die große Bedeutung angemessener Proportionen und Maßstäblichkeit. Durch seine eigene Zurückhaltung lässt das Haus die grandiose Landschaft besonders gut zur Geltung kommen und das Wohnambiente bestimmen.

oben links Detail der Holzfassade.
oben Die Front des Garderobenmöbels im Eingangsbereich wurde als Wandbekleidung harmonisch fortgeführt.**oben links** Detail der Holzfassade.
unten Blick über das ursprüngliche Dorf.

Projektdaten
Wohnfläche 167 m²
Baustoffe
- Wände: vorgefertigte Holzelemente mit Holzwolldämmung
- Fassaden: Weißtanne, naturbelassen
- Dacheindeckung: Faserzementplatten, grau
- Innenwandoberflächen: Gipskarton, weiß gestrichen
- Fußböden: Parkett Eiche, Naturstein Valser Quarzit, Estrich geschliffen mit Sandzuschlag aus benachbartem Bachlauf
- Fensterrahmen: Weißtanne, geölt
- Einbaumöbel: Küchenfront Weißtanne, Küchenblock Schleiflack, Treppe Eiche, Garderobe Weißtanne

Beheizung: Erdwärmesonde

Fotos: Architekten

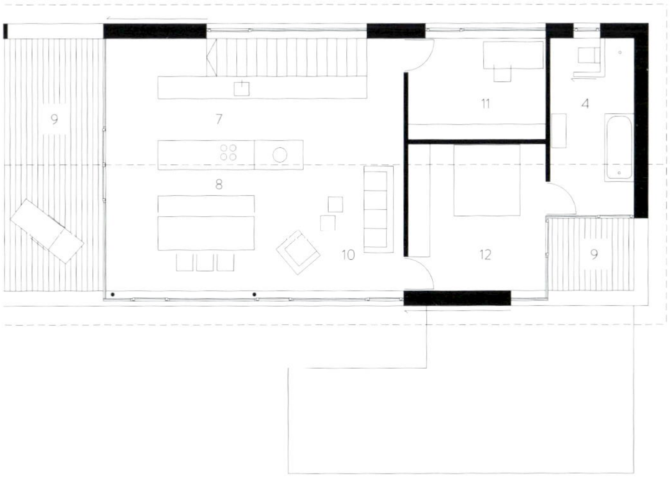

Obergeschoss

1 Garderobe/Schleuse
2 Eingang
3 WC
4 Bad
5 Sauna
6 Kind
7 Kochen
8 Essen
9 Loggia
10 Wohnen
11 Arbeiten
12 Schlafen
13 Garage

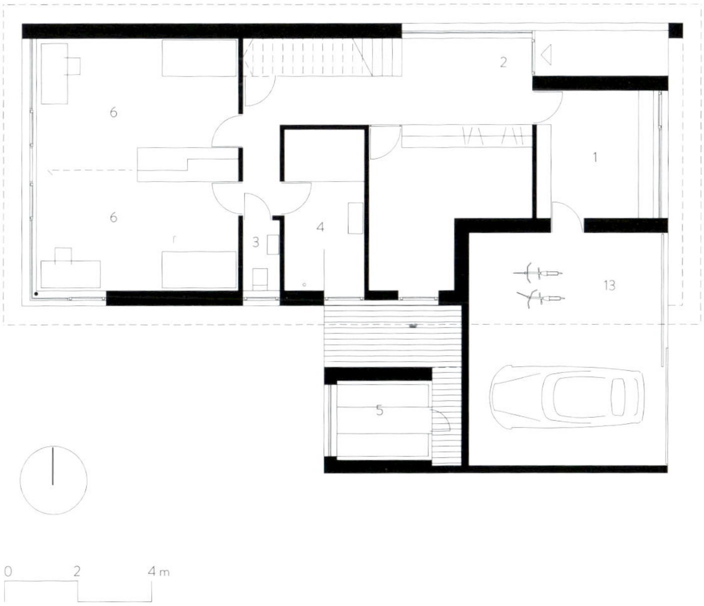

Erdgeschoss

Lageplan

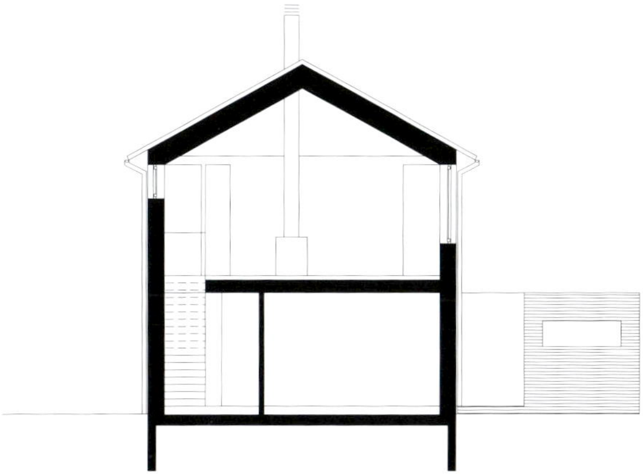

Schnitt

Historisches bäuerliches Anwesen in der Oberpfalz

ABSTRAHIERTE REGIONALITÄT

Hofhaus in der Oberpfalz

Kühnlein Architektur, Berching

Eine klassische Bauform wird aufgegriffen, jedoch bis aufs Äußerste abstrahiert. Es entsteht eine Skulptur mit einheitlicher Bekleidung, die sich nahtlos über Dach und Fassaden zieht. Ist das noch Bauen in regionaler Tradition? Darüber lässt sich diskutieren – und gerade deshalb wird dieses Beispiel hier gezeigt!

Der Entwurf

Die Bauherren wünschten sich ein eingeschossiges, auch im Alter noch gut nutzbares Wohnhaus. Die Architekten griffen eine ehemals in weiten Teilen Bayerns und Böhmens gebräuchliche Bauform ländlicher Anwesen auf und transformierten sie in verkleinertem Maßstab, aber äquivalenten Proportionen in ein Haus mit zwei Innenhöfen. Eine durchgängige Bekleidung von Dach und Fassaden mit filigranen, naturbelassenen Lärchenholzlamellen gibt dem Gebäude einen kristallinen Charakter. Durch ihr Vergrauen im Laufe der Zeit soll es sich noch besser in die Natur einfügen.
Anstelle von Wohnhaus, Stall und Scheune bietet der Neubau Wohn-, Schlaf- und Eingangsbereich in jeweils eigenen Volumen, wobei der Eingang als kleiner Zwischenbau die beiden parallel angeordneten Hauptbaukörper verbindet. Gegenüber deren straßenseitiger Außenkante etwas zurückversetzt, ließ er Raum für einen kleinen Vorhof, sichtgeschützt durch eine niedrige Wand mit Tor.

rechts Der in mehrere Baukörper gegliederte Neubau fügt sich maßstäblich bestens ein.

oben Straßenseitig gibt sich das Haus geschlossen wie eine alte Scheune.
rechte Seite beide Hauptraum des Hauses ist der Wohnbereich mit Essplatz und Küche, der nahezu den kompletten nördlichen Bauteil einnimmt. Markant ist die konsequente Materialität samt Einbaumöbeln entlang der gesamten Längswand. Lampen in Kupfer setzen unkonventionelle Akzente.
ganz unten Puristisch gibt sich der Eingangsbereich.
unten Zum geschützt liegenden Terrassenhof öffnet sich der Wohnraum auf ganzer Breite.

Rückwärtig rahmen die drei Gebäudeflügel einen Terrassenhof, der nach Westen in die offene Landschaft übergeht. Zu ihr öffnet sich der Wohnbereich im nördlichen Baukörper. Er bietet – abgesehen von Garderobe, Toilette, Speisekammer und Doppelgarage an der östlichen Giebelseite – einen durchgängigen Wohn-/Essraum mit offen eingestellter Küche, großzügig bis unters steil aufragende Satteldach reichend. Die sichtbar belassenen Innenoberflächen der Brettsperrholz-Wände und -Dachschrägen geben dem Raum einen besonders warmen Charakter. Trotz weiterer Holzoberflächen – in Form des Eichenbodens und der Esche-Einbaumöbel entlang der geschlossenen nördlichen Längsseite – gleitet das Ambiente nicht ins Rustikale ab. Die Oberflächen der kostengünstigen Brettsperrholzkonstruktion blieben auch im Schlafbereich sichtbar. Feuchtebelastete Zonen im Bad sind durch eine Bekleidung mit Faserzement-Fassadenplatten geschützt.
Das zweite prägende Material der Innenräume ist Kupfer. Aus dem Halbedelmetall sind Lampen, Lichtschalter und Steckdosen gefertigt, Schalter und Dosen wurden sogar aus massiven Blöcken gefräst. Ihre Zuleitungen liegen großteils in ebenfalls auf Putz verlegten Kupferrohren.
Trotz Holzbodens entschieden sich Architekten und Bauherren aufgrund des hohen Anteils an Strahlungswärme für eine Fußbodenheizung, die von einer Erdwärmepumpe mit Flächenkollektoren gespeist wird.

Die Architekten zum regionalen Bezug
Die Gebäudeform lehnt sich an die historischen Bauernhöfe in Franken, Oberbayern und der Oberpfalz an. Deren Wohnhaus und Stallgebäude orientierten sich giebelständig zur Straße mit Mauer und Tor und waren oft auch durch ein Mittel- oder Rückgebäude miteinander verbunden. Diese Hofform bietet heute ebenso wie früher die Möglichkeit zu attraktivem Wohnen.

Besonderheiten des Projekts
Sosehr der Entwurf die klassische Hofform, auf die er sich bezieht, auch abstrahiert: man erkennt sie beim ersten flüchtigen Blick von der Straße aufs Gebäude. Den Architekten gelang hier ein geschicktes Spiel mit der Wahrnehmung: Einer vertrauten Großform wurde eine nicht mit dieser in Verbindung gebrachte Detaillierung entgegengesetzt. So sticht das Haus einerseits hervor, fügt sich andererseits jedoch deutlich besser in seine Umgebung als manch anderer, banaler Neubau, der in Form, Maßstäblichkeit und Proportionen keinerlei Rücksicht auf sein Umfeld nimmt.

oben So edel wie roh wirken die aus Kupfer gefertigten Lampen und Schalter, deren Zuleitungen auf den Wandoberflächen in Kupferrohren verlegt wurden.
unten Auch das Bad gibt sich weitgehend in Holz mit schwarzen Akzenten.

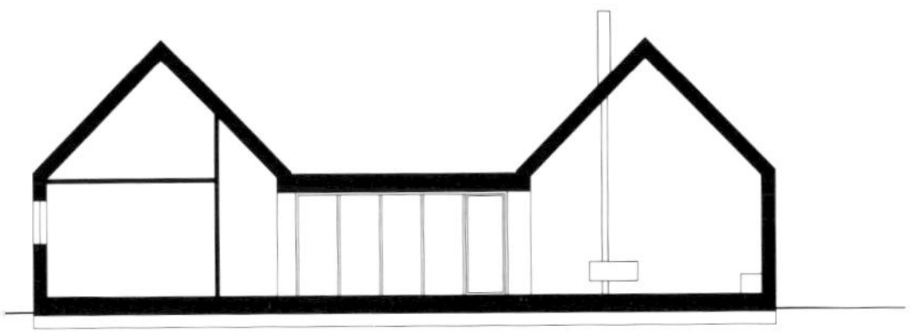

Schnitt

1 Vorhof
2 Eingang
3 WC
4 Vorrat
5 Kochen
6 Essen
7 Wohnen
8 Innenhof
9 Bad
10 Zimmer

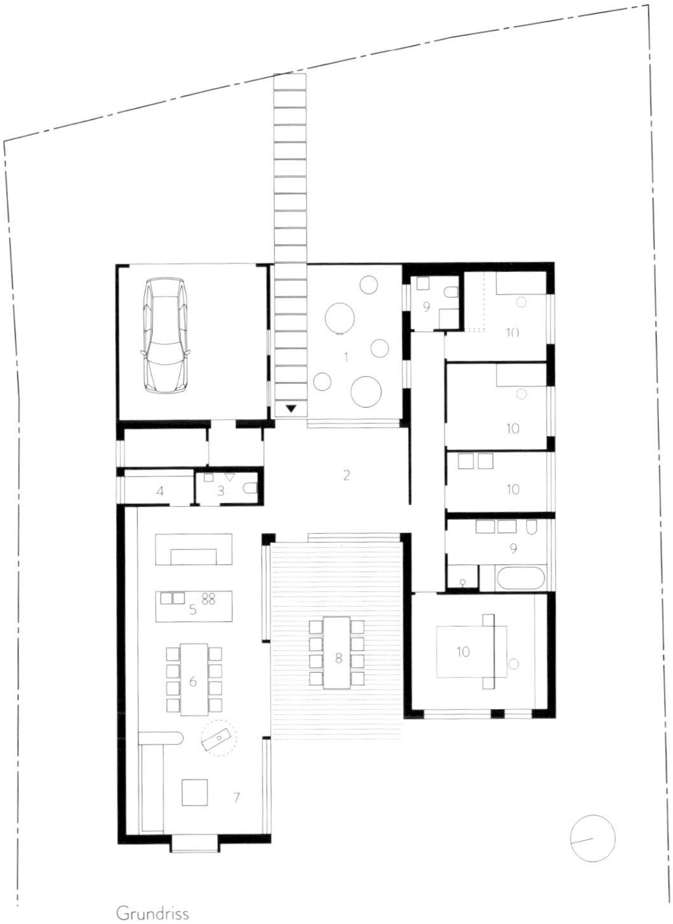

Grundriss

Lageplan

Projektdaten

Wohnfläche 210 m²

Baustoffe

- Wände: Brettsperrholz, 10 bzw. 12 cm; Wärmedämmung aus Holzfaserplatten
- Fassaden: Lärchenholzleisten
- Dacheindeckung: Lärchenholzleisten über Dachabdichtungsbahn
- Innenwandoberflächen: Oberfläche des Brettsperrholzes
- Fußböden: Eichenholz-Dielen, geölt
- Fensterrahmen: Lärchenholz, geölt
- Einbaumobiliar: Küchenblock, Sideboard und Sofa in Esche; Tische: Brettsperrholzreste der Fensterausschnitte; Bad: Fichte und Faserzement-Fassadenplatten im Nassbereich
- Sonstige wichtige Materialien: Lampen und Schalter aus Kupfer, Elektroleitungen sichtbar in Kupferrohren verlegt.

Beheizung: Erdwärmepumpe; Fußbodenheizung; Holzofen

Fotos: Erich Spahn (Projektfotos), Architekten (S. 90 o.)

Traditionelle Münsterländer Villa

SELBSTVERSTÄND-LICHER STILMIX

Ziegelhaus im Münsterland

JBR Partner, Münster

Nähert man sich dem zweigeschossigen Walmdachhaus mit klar strukturierter Ziegelfassade, meint man zunächst, eine alte Münsterländer Villa vor sich zu haben: weiß gestrichene, mehrflügelige Holzfenster mit Sprossenunterteilung, symmetrisch angeordnet; reliefartige Rücksprünge, die die Fassaden gliedern und zusammen mit dem kleinteiligen, lebhaft changierenden Ziegel die Proportionen harmonisieren.
Auch im Inneren gibt sich der Neubau in vielen Bereichen und Details sehr klassisch. Doch wurde die gründerzeitlich-großbürgerliche Raumkonzeption hier neu interpretiert und mit moderner Offenheit kombiniert.

Der Entwurf

Die eckigen, ebenen Dachziegel könnten der Neueindeckung eines Altbaus entstammen, doch weisen andere Details auf einen Neubau hin: die Ausgestaltung der Fensterstürze ohne scheitrechte Bögen etwa, insbesondere aber die eingeschossige Garage in einem Rücksprung des Hauses, der zugleich als Vordach für die Eingangstür dient. Doch auch dieses Detail ist so elegant gestaltet, dass es sich ganz selbstverständlich in den klassischen Entwurf einfügt.

rechts Betont klassisch gibt sich das Haus auf den ersten Blick nach außen.

links beide Während gartenseitig nur Details verraten, dass es sich um einen Neubau handelt, weist eingangsseitig der scheinbar in die Fassade geschobene Baukörper der Garage offensiv darauf hin.
rechte Seite oben Die klassische Raumflucht einer historischen Villa wurde in Neuinterpretation aufgenommen. Sogar die typischen Doppelflügeltüren finden sich in Form gegenläufiger Schiebetüren zwischen Essplatz und Küche.
rechte Seite unten Blick vom Eingangsbereich zum Essplatz.

Die Raumfolge im Inneren nimmt ebenfalls klassische Villenarchitektur auf und wandelt sie gleichzeitig unprätentiös ab: So folgt auf die zentrale, zweigeschossige Eingangshalle ein über die gesamte Hausbreite spannender, räumlicher Dreiklang aus Wohnen, Essen und Kochen. Der Bereich ist offener unterteilt als gründerzeitliche Raumfluchten, doch nimmt er zumindest zwischen Küche und Essplatz deren typische Doppeltüren auf: Eingelassen in schwarz tapezierte Wandvorsprünge, trennen bei Bedarf zwei gegenläufige Schiebetüren die Bereiche voneinander. Zwischen Ess- und Wohnbereich dagegen ragt ein dreiseitig verglaster Kamin in den Raum und sorgt für eine skulpturale Zonierung.
Die Erschließung der Schlafräume im Obergeschoss erfolgt – ebenfalls ganz klassisch – über eine zweiläufige Treppe und eine Galerie um den Luftraum des Eingangsbereichs. Ganz modern wiederum: die Konstruktion der Treppe als Eichenholzfaltwerk. Im Dachgeschoss befinden sich zwei große Hobbyräume.

Die Architekten zum regionalen Bezug

Für die Bauherren war es wichtig, eine moderne, mit der Region verknüpfte Identität zu schaffen, die sich an dem Baustil und den Baumaterialien des Münsterlands orientiert. Das Haus sollte die Anforderungen und Bedürfnisse der Familie vereinen und dennoch Raum für eine individuelle Interpretation zulassen Die von Handwerkern aus der Region mit lokal gefertigten Ziegelsteinen hergestellte Fassade ist ein wesentlicher Bestandteil der Gestaltung des Hauses. Die feinen Rücksprünge im Mauerwerk wirken als modern interpretierte Friese, die die Fassade horizontal gliedern. Die weitgehend symmetrische Gliederung der Fassadenelemente resultiert aus der klaren Struktur der Raumanordnung.
Eine Akzentuierung der Fensterelemente entsteht durch die Vor- und Rücksprünge im Ziegelmauerwerk. Die ursprünglich angedachte, für das Münsterland typische Einfassung der Fenster mit Sandstein wurde viel diskutiert, dann aber durch die reliefartige Formensprache ersetzt, die bewusst die Assoziation von aufgeklappten Fensterläden entstehen lässt. Sie betont den hochwertigen, individuellen Charakter der Ziegelfassade ebenso wie die Fensterbänke aus anthrazitfarbenem Naturstein einen modernen Bezug zu regionalen Stilelementen herstellen. Die extra mit Ziegelsteinen belegten Fensterstürze ergänzen die Gesamtoptik des Hauses.
Ein Element des Entwurfs ist die Verbindung zur umliegenden Landschaft des Münsterlands. Das Wohngebiet liegt in der Nähe des Ortskerns der Stadt Telgte und ist umgeben von Bäumen, Wiesen und Feldern. Die Fenster und Türen bieten einen freien Blick auf die Landschaft und durch die offenen, fließenden Raumstrukturen ist die Nähe zur Natur im ganzen Haus spürbar.

Besonderheiten des Projekts

Der Entwurf überzeugt als modernisierende Neuinterpretation einer gründerzeitlichen Münsterländer Villa. Die Symbiose aus klassischer Eleganz und moderner Leichtigkeit gelang hier bemerkenswert harmonisch. Sie verdeutlicht zudem die Zeitlosigkeit einiger der gewählten Elemente, etwa die der Zementmosaikfliesen im Eingangsbereich, der Eichenholzböden in den Räumen oder der zahlreichen, schlicht gehaltenen Einbaumöbel.

Trotz seiner Größe geriet das Haus relativ kompakt, bietet kurze Wege im Inneren und trotz seiner Offenheit auch ausreichend Rückzugsmöglichkeiten.
Besonders gelungen ist die reliefierte Fassade aus den eigens angefertigten Münsterländer Wasserstrichklinkern. Sie entstehen, indem Ton mithilfe von Wasser durch eine Form gepresst wird. Hierbei entsteht eine bei jedem Stein individuell changierende Oberfläche.

links und unten Zweigeschossig wurde der Eingangsbereich mit traditionellem Zementmosaikboden gehalten. Die umlaufende Galerie erschließt die Schlafzimmer im Obergeschoss.
rechte Seite Leichtfüßig schwingt sich die Holz-Faltwerktreppe ins Obergeschoss.

Projektdaten

Wohn- und Nutzfläche 284 m²

Baustoffe

- Wände: Kalksandsteinmauerwerk; Außenwände zweischalig mit Ziegel-Verblendmauerschale, Luftschicht und Mineralwolledämmung
- Fassaden: Verblendmauerwerk aus Wasserstrichziegel, Vollstein im Dünnformat, Sonderanfertigung nach Wünschen der Bauherren, gemauert im „wilden Verband“
- Dacheindeckung: Tonziegel, anthrazitfarben; obere Dacheindeckung Zink-Stehfalzblech
- Innenwandoberflächen: Putz, weiß gestrichen; farbig akzentuierende Teilflächen
- Fußböden: Parkett Eiche, geölt; Zementmosaik-Fliesen mit floralem Muster in Grau-Weiß (Eingangsbereich)
- Fensterrahmen: Holzrahmen, zweiflüglig, mit Sprossenunterteilung
- Sonstige bemerkenswerte Materialien: Sandstein „Pietra Serena“ für Fensterbänke und Eingangspodest (als ein Stück eingesetzt)
- Einbaumöbel: Individuell gefertigte Einbauten in Garderobe (Schrankelemente mit durchgehender Innenbeleuchtung), Küche (Betonarbeitsplatte), Arbeitszimmer (Schreibtisch mit zwei Arbeitsplätzen) und Bad (oberflächenbündiger Spiegelschrank, Waschtisch in Eiche)

Beheizung: Wärmepumpe; Fußbodenheizung mit Möglichkeit der Nutzung zur Kühlung

Fotos: Simone Dorka (Projektfotos), Architekten (S. 96 o.)

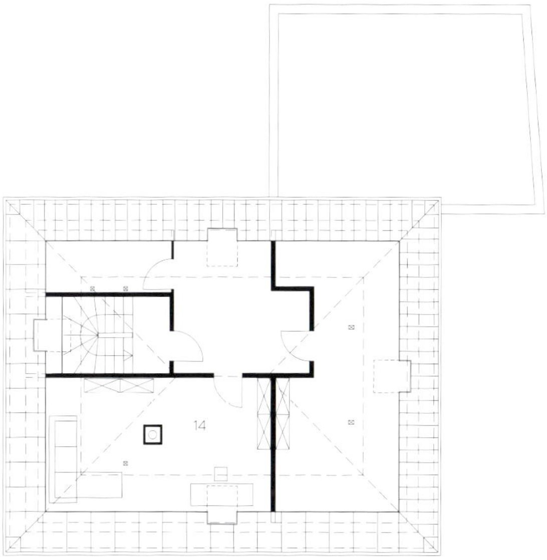

Dachgeschoss

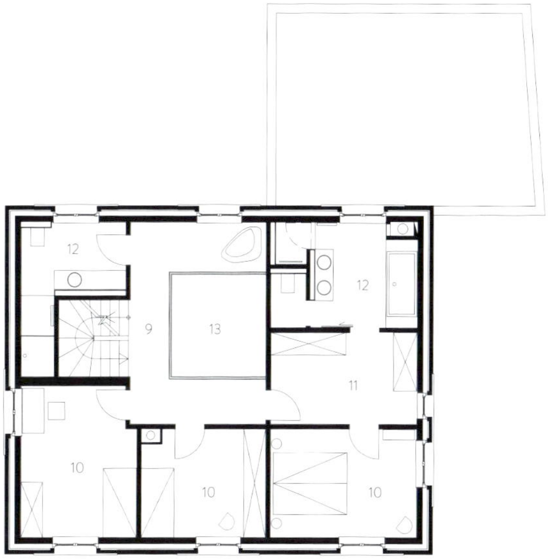

Obergeschoss

1 Eingang
2 WC
3 Garderobe
4 Kochen
5 Hauswirtschaft
6 Essen
7 Wohnen
8 Arbeiten
9 Galerie
10 Zimmer
11 Ankleide
12 Bad
13 Luftraum
14 Hobby

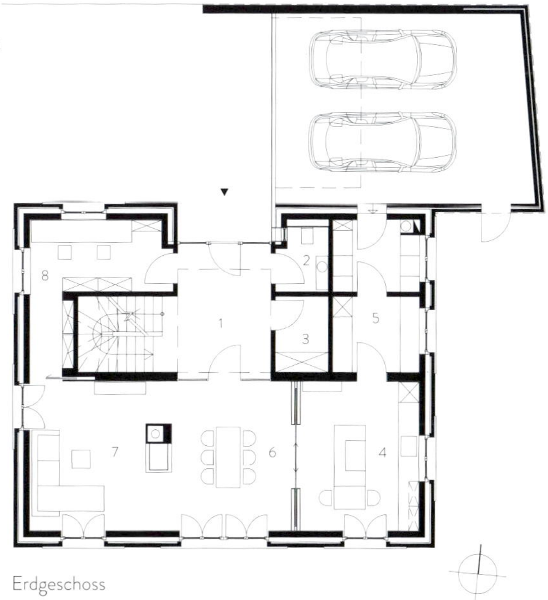

Erdgeschoss

oben Von der klassischen Typologie des Siedlungshauses weicht das Eckfenster in der Küche bewusst ab.
unten rechts Oberhalb der Treppe befindet sich eine kleine Galerie als Arbeitsplatz.
unten Auch im Inneren findet sich die äußere, zurückhaltende Ruhe wieder.

Projektdaten

Wohnfläche 149 m² zzgl. 49 m² Nutzfläche

Baustoffe

- Wände: Porenbeton
- Fassaden: geschlämmtes Ziegelverblendmauerwerk vor Luftschicht und Wärmedämmung
- Dacheindeckung: Betondachsteine
- Innenwandoberflächen: Gipsputz, geschliffen und gestrichen
- Fußböden: Erdgeschoss: Eiche-Schiffsboden-Parkett; Obergeschoss: Teppichboden; Bäder gefliest
- Fensterrahmen: Holz

Beheizung: Gasbrennwerttherme

Fotos: Martin Henze (Projektfotos), Johannes Kottjé (S. 102 o.)

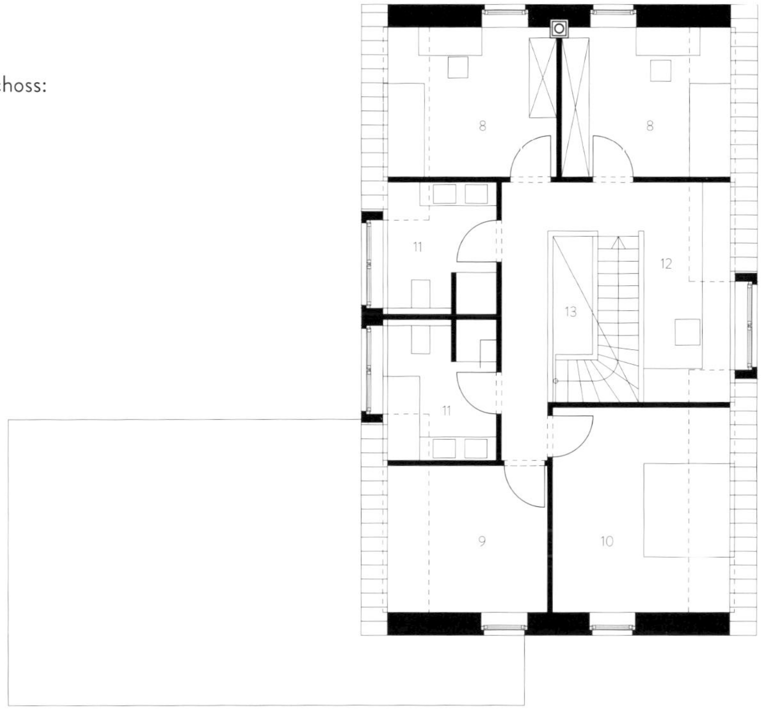

Obergeschoss

1 Abstellraum
2 Carport
3 Eingang
4 WC
5 Kochen
6 Vorrat
7 Wohnen
8 Kind
9 Gast
10 Eltern
11 Bad
12 Arbeiten
13 Luftraum

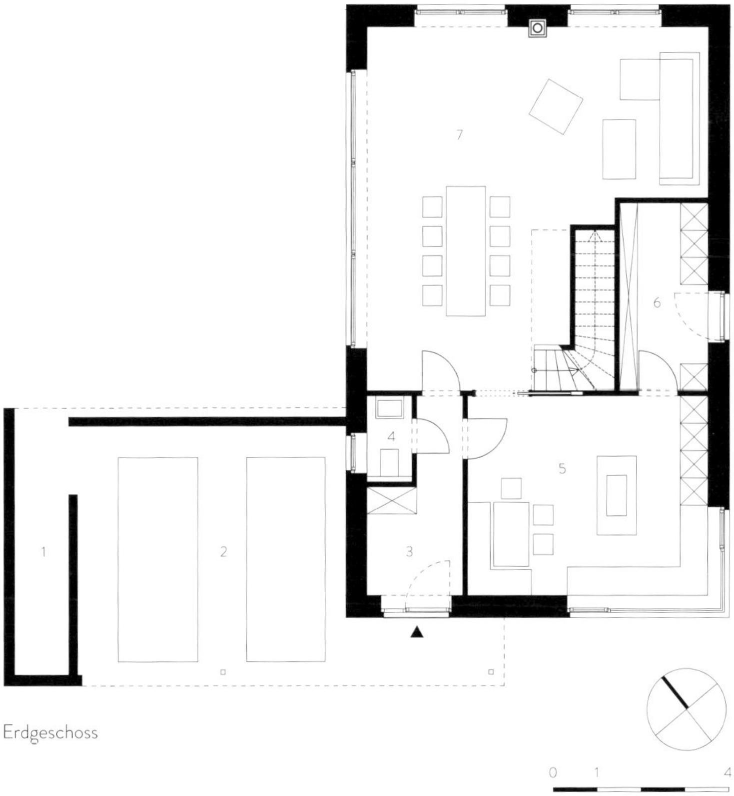

Erdgeschoss

Weiß verputzter Eindachhof aus der Region

BAUHAUS TRIFFT BESTAND

Haus bei Bremen
PÜFFEL ARCHITEKTEN, Bremen

Ein ebenfalls von Architekt Frank Püffel geplantes Haus in Bremen hatte die Bauherrin des hier gezeigten Projekts gesehen und war begeistert: ein kubisch-moderner Baukörper in der Tradition der Klassischen Moderne, umgangssprachlich „Bauhausarchitektur". Ihr eigenes Baugrundstück lag allerdings auf dem Land, Neubauten hatten sich hier in den Bestand einzufügen. Aus der Not wurde eine Tugend gemacht: Der Architekt entwarf einen Bungalow mit Satteldach, der von der eleganten Schlichtheit der Klassischen Moderne und der gegebenen Schlichtheit eines norddeutschen Landarbeiterhauses gleichermaßen inspiriert wurde.

Der Entwurf

Das eingeschossige Gebäude mit Satteldach erweckt nach außen zunächst den Eindruck eines einfachen Langhauses. Durch asymmetrische Verformung des Dachs ohne Überstände, Addition von Flachbauten und markante Einschnitte in den Baukörper entstand jedoch eine spannungsreiche, vielschichtige Gesamtform. Im Winkel wird nach Südosten und Nordwesten jeweils ein Freibereich umschlossen, wodurch sich ganztägig besonnte Außenräume ergeben.
Eine Mittelwand durchzieht das gesamte Haus in Längsrichtung und gibt dem Erdgeschoss eine klare Struktur: Rechter Hand folgt auf die große Diele mit Treppe ins Obergeschoss der im Winkel angeordnete Wohnraum mit offener Küche im „Gelenk" zwischen Sitzgruppe und Essplatz. Von diesem Raum gelangt man in ein Arbeits- und ein Gästezimmer, beide auf der anderen Seite der Mittelwand; ebenso befindet sich hier die straßenseitige Doppelgarage, die die Satteldachsilhouette als flacher Annex überragt.
Das Dachgeschoss bildet ein Raumkontinuum aus Schlafen, Ankleide und einem Bad, das mit frei stehender Dusche und ebensolcher Badewanne ein Gefühl besonderer Großzügigkeit vermittelt. Dank der Lage von Arbeits- und Gästezimmer im Erdgeschoss und dem zwischen diesen Räumen liegenden Bad könnten bei Bedarf auch alle Wohnfunktionen auf einer Ebene untergebracht werden.
Die Materialien und Farben reduzieren sich auf weiß gestrichenen Wandputz außen wie innen, anthrazitfarbene Fensterrahmen und Dachziegel sowie Parkett in Dielenoptik.

Die Architekten zum regionalen Bezug

Die eingeschossige Bauweise mit Satteldach nimmt ortstypische Bauweisen auf. Zwar ist der Ortskern im Wesentlichen durch landwirtschaftliche Fachwerkgebäude geprägt, doch zeigt die für den Neubau gewählte Putzoberfläche Analogien zu den einfachen, oft ebenfalls verputzten Satteldach-Langhäusern. Die reduzierte Formensprache findet sich in vielen ursprünglichen Wohn- und Nutzbauten Norddeutschlands wieder. Im Inneren setzt sich die Analogie in der großzügigen Eingangsdiele fort – auch bei den Vorbildern befindet sich hier häufig der Treppenaufgang. Der durchgehende Fußboden aus Eiche-Landhausdielenparkett greift die traditionellen rustikalen Massivholzdielen der Landhäuser auf.

rechte Seite oben Das Haus gibt sich als schlichter Satteldach-Bau mit leichten Variationen.
rechte Seite unten Straßenseitig zeigen sich der asymmetrische Giebel, die beiden Anbauten und der Einschnitt übereck.

Besonderheiten des Projekts

Ein Satteldach, leicht asymmetrisch verformt, aber in einem örtlich angemessenen Maßstab und mit passenden Proportionen, eine dezente Ausdetaillierung, jedoch nicht so schlicht, dass es provozieren könnte, ergänzt um eine Prise unprätentiöser Verspieltheit – mehr brauchte es hier nicht, um das neue Wohnhaus für zwei Personen in die dörfliche Umgebung einzufügen.

links Der klassische Eingangsbereich, warm indirekt beleuchtet und über mehrere Fenster in Dach und Fassade belichtet.
rechte Seite oben Blick über den frei stehenden Küchenblock vorbei an der Sitzgruppe mit offenem Kamin über den Flügel hinweg in den Garten.
rechte Seite unten Wohnraum und Eingangsbereich sind übereck angeordnet.

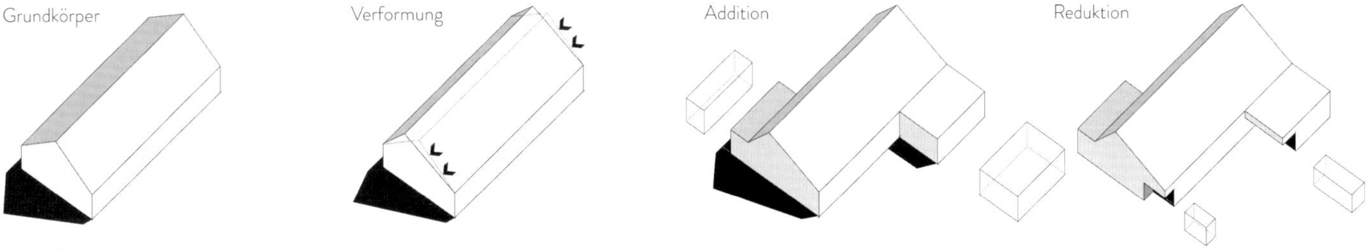

Entwurfskonzept

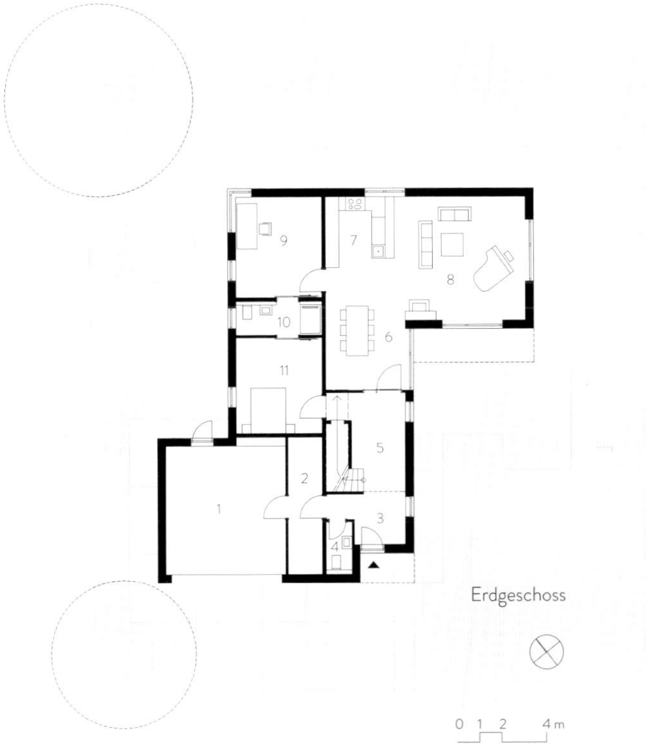

Erdgeschoss

1 Garage
2 Schleuse
3 Windfang
4 WC
5 Diele
6 Essen
7 Kochen
8 Wohnen
9 Arbeiten
10 Bad
11 Schlafen

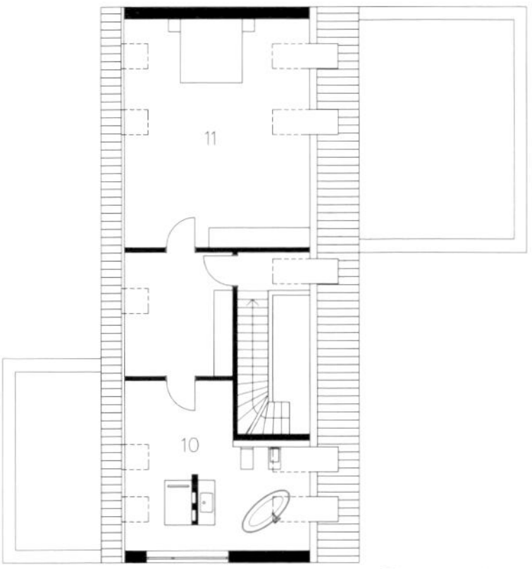

Obergeschoss

linke Seite oben Unterm Dach findet sich ein großes Schlafzimmer, dessen Charakter wesentlich von der Asymmetrie des Dachs und einem Einbaumöbel am Drempel bestimmt wird.
linke Seite unten Die frei stehende, scheinbar nur lose eingestellte Dusche lässt das Bad weiterhin als durchgängigen, dadurch besonders großzügigen Raum erscheinen.

Projektdaten

Wohnfläche 197 m² zzgl. 41 m² Nutzfläche
Baustoffe
- Wände: Kalksandsteinmauerwerk
- Fassaden: Wärmedämmverbundsystem
- Dacheindeckung: Dachziegel, schieferschwarz engobiert
- Innenwandoberflächen: mineralischer Gipsputz, gespachtelt, geschliffen, Dispersionsfarbe
- Fußböden: Dreischichtparkett „Eiche Landhausdiele", geölt
- Fensterrahmen: Meranti-Holz, mehrschichtverleimt, innen weiß, außen anthrazit
- Einbaumobiliar: Einbauschränke in der Ankleide, Oberflächen weiß beschichtet

Beheizung: Gasbrennwerttherme mit zentraler Warmwasserbereitung; Solarthermie

Fotos: Frank Püffel (Projektfotos), Architekten (S. 106 o.)

SCHWEBENDE GEOMETRIE

Sichtbetonhaus bei Basel (Schweiz)

FELIPPI WYSSEN ARCHITEKTEN, Basel (Schweiz)

Ganz im Lieblingsbaustoff moderner Schweizer Architektur – Sichtbeton – erstellt, fügt sich das Mehrfamilienhaus dennoch in seine unmittelbare Umgebung und die weitere Region ein. Neben der Übernahme einer hier gängigen Großform mit Satteldach gilt auch hier, wie in so vielen Fällen: Der Maßstab macht's!

Der Entwurf

Das dreigeschossige Wohnhaus liegt auf einer leicht ins Terrain eingesenkten Parzelle am Rande eines Einfamilienhausquartiers. Auf den Niveauunterschied reagiert der Entwurf mit einem geschickt konzipierten Sockelgeschoss: Leicht zurückversetzt, lässt es das von der Straße aus als Erdgeschoss wirkende Obergeschoss und das Dachgeschoss scheinbar schweben.
Je nach Standpunkt und Abstand, hat das Haus viele Gesichter: mal zwei-, mal dreigeschossig, mal großzügig geöffnet, mal eher geschlossen. Was gleich bleibt, ist die Grundform des langgestreckten Baukörpers aus Sichtbeton. Dessen Fensterausschnitte und Loggien werden von dunklem Holz kontrastierend gerahmt, sein flaches, filigran dimensioniertes Satteldach kragt ein gutes Stück weit aus. Die quadratischen Fassadenausschnitte an der Längsseite und die kreisrunden, markant großen Fenster in den Giebeln bringen Geometrie und damit eine gewisse Strenge ins Spiel.
Die Osthälfte des Sockelgeschosses nimmt Stellplätze auf, die Westseite eine über die gesamte Gebäudelänge führende Wohnung. Ebenerdig und dreiseitig zum Garten geöffnet und nach außen um zwei überdachte Sitzplätze ergänzt, hat sie beinahe das Ambiente eines Bungalows. Im Ober- und Dachgeschoss befinden sich je zwei dreiseitig ausgerichtete Wohnungen. Die drei Geschosse setzen sich an den Längsseiten deutlich voneinander ab: der teils verborgene Sockel, das großzügig geöffnete Obergeschoss und das partiell eingeschnittene Dach. Der ohnehin schon in die Länge gestreckte Baukörper erfährt dadurch eine weitere Akzentuierung der Horizontalen. Minimal abgesetzte Profile und kleine plastische Interventionen akzentuieren die Fassaden, während das Holz der Schiebeläden – und im Inneren der Parkettböden – den warmen Gegenpart zum Sichtbeton bildet.
Die Erschließungsflächen sind knapp gehalten, die Wohnräume dagegen großzügig angelegt. Ein weites Stützenraster prägt alle Grundrisse und sorgt für strukturelle Verwandtschaften zwischen den Etagen. Zusätzliche Spannung erhält das Bauvolumen durch den Wechsel zwischen Loggien und Innenräumen. Raumhohe Türen und Durchgänge schaffen Blickachsen und ein reizvolles Raumkontinuum. Die Parterrewohnung profitiert dabei zusätzlich vom Übergang zu dem grünen, geschützt liegenden Außenraum.

rechte Seite oben Mit der Schroffheit des Sichtbetons, kontrastierend akzentuiert durch das dunkle Holz der Fensterrahmen und klassisch proportioniert zeigt sich das Haus zur Straße.
rechte Seite unten Die gleichmäßig quadratisch eingeschnittenen Fassadenöffnungen prägen das traufseitige Bild des auf dieser Seite schwebend aufgeständerten Hauses.

oben Im Gegensatz zum nach außen prägenden Sichtbeton wird die Wohnatmosphäre von viel Holz bestimmt. Hier der Blick von einer Loggia in den Wohnraum.
rechte Seite Die beiden Wohnungen unterm Dach reichen bis zum First, das große Rundfenster mit integrierter Lüftungsklappe im Wohnbereich wirkt wie ein ungewöhnliches Wandgemälde.
unten Der Zugang der oberen Geschosse erfolgt über eine im Bereich der Aufständerung verglaste Treppe.

Die Architekten zum regionalen Bezug

Wie das traditionelle Satteldach, das in der Siedlung häufig ist und Haus wie Fassade schützt, springt das Dach allseitig vor. Mit den sichtbaren Sparren und bewusst gezeigten Regenrinnen und -rohren wird die Dachkonstruktion zu einem charakteristischen Element des Gebäudes. Auch Bauvolumen und Proportionen orientieren sich an der umgebenden Bebauung.

Besonderheiten des Projekts

Der Entwurf fällt durch seine radikal moderne, geometrisch gestaltete Sichtbetonfassade ein wenig aus dem Rahmen des Buchthemas. Außer der Großform findet sich hier kein Bezug zu regionalen Bautraditionen. Dass sich der Neubau trotz aller Eigenständigkeit so sorgsam einfügt, ist insbesondere seiner Maßstäblichkeit im Ganzen wie in Details sowie seiner Proportionierung zu verdanken. Daneben handelt es sich auch solitär betrachtet um einen hochwertigen Entwurf voller Finesse.

Projektdaten
Wohnfläche 500 m² zzgl. 110 m² Nutzfläche
Baustoffe
- Wände: Sichtbeton, gedämmt
- Fassaden: Sichtbeton, Schalungstyp II; Holzbekleidungen in Loggien; Holz-Schiebeläden
- Dacheindeckung: Wellfaserzementplatten
- Innenwandoberflächen: Putz, gestrichen
- Fußböden: Eichen-Parkett
- Fensterrahmen: Holz

Beheizung: Gas-Brennwerttherme, Fußbodenheizung; Solarthermie zur Wassererwärmung

Fotos: Valentin Jeck

Lageplan

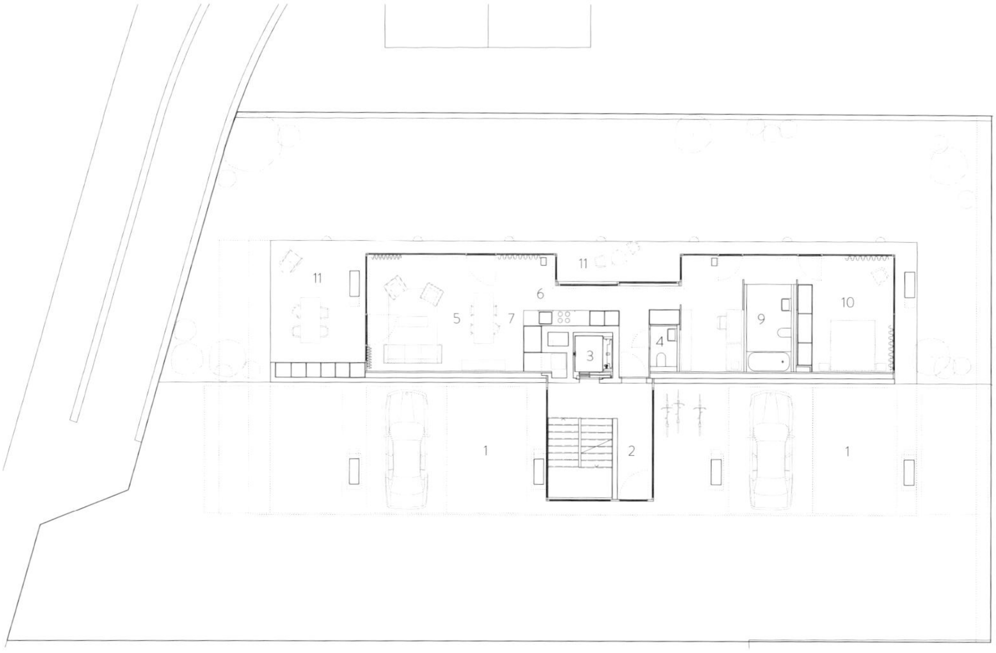

Erdgeschoss

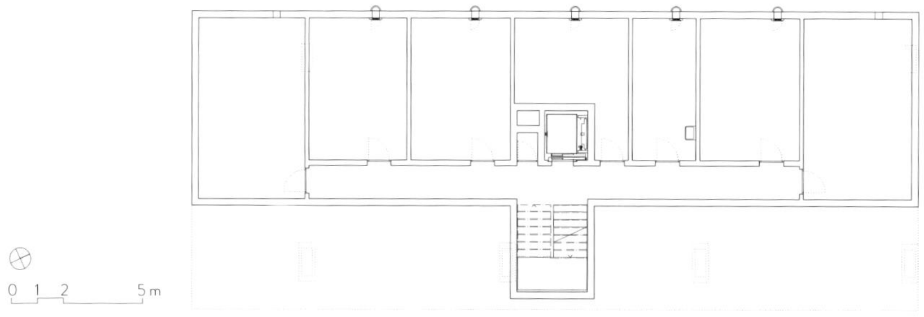

Untergeschoss

oben beide Die Wohnungen im Erdgeschoss haben über die integrierten Loggien und große Glasfassaden unmittelbare Anbindung an den Garten.

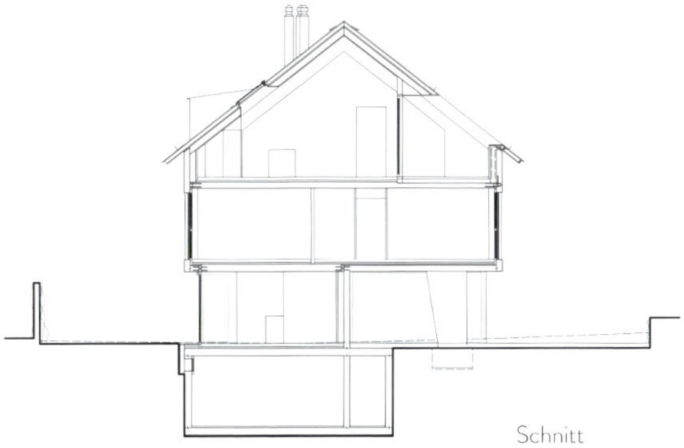

Schnitt

1 Carport
2 Eingang/Treppe
3 Aufzug
4 WC
5 Wohnen
6 Kochen
7 Essen
8 Zimmer
9 Bad
10 Schlafen
11 Loggia

Dachgeschoss

Obergeschoss

Reetdachscheune an der Ostsee

GEKONNTE ADAPTION EINES BAUTYPS

„Scheunen"-Trio an der Ostsee

Möhring Architekten, Berlin, Born a. Darß

Es ist bemerkenswert, wie viele moderne Wohnhausentwürfe sich auf die Neuinterpretation einer landwirtschaftlichen Hofanlage oder einer Scheune berufen. In einigen Fällen soll so eine bewusste Schlichtheit begründet werden, in anderen Fällen geht es um einen regionalen Bezug. Manches Mal wirkt die Scheunen-Symbolik ein wenig überstrapaziert, doch bei dem auf diesen Seiten gezeigten Projekt führte sie zu einem sehr stimmigen, interessanten Entwurf.

Der Entwurf

Zwei hölzerne Giebel, schwarz gestrichen, mit Schiebeläden, die der vertikalen Holzbekleidung gleichen; darübergelegt eine dicke Matte aus Reet, die zu beiden Seiten vom First über die steilen Dachflächen und die zweigeschossigen Fassaden bis zum Boden reicht – so simpel lassen sich die drei als Ensemble geplanten Einfamilienhäuser beschreiben, die Norbert Möhring nahe der Ostsee erstellte. Die Idee zu dem markanten, als Fassadenbekleidung heruntergezogenen Reetdach entstand aus dem Dilemma, dass einerseits eine Dacheindeckung aus Rohr vorgesehen war, andererseits eine Traufhöhe von 4,50 Metern mit dem Material kaum denkbar ist. Eine solche Konstruktion wäre zu windanfällig und würde unproportioniert wirken. Zudem konnten so die bei Reetdächern üblichen breiten Dachüberstände entfallen, was aufgrund der relativ kleinen Grundstücke und dem zwischen rohrgedeckten Dächern vorgeschriebenen Abstand von 6 Metern von Vorteil war.
Mindestens ebenso prägnant wie die Umhüllung aus dem norddeutschen Naturmaterial sind jedoch die riesigen „Scheunentore" an beiden Längsseiten der Gebäude. Ganz in der Machart ihrer landwirtschaftlichen Vorbilder, lassen sie sich als zweiflüglige Rolltore vor der Fassade verschieben. Und ebenfalls wie bei einer tatsächlichen Scheune findet sich hinter den Toren jeweils ein großer Raum, der den Bau in seiner gesamten Tiefe und Höhe durchmisst. Eine Unterteilung in Geschosse gibt es nur in den seitlichen Bereichen hinter den längsseits geschlossenen Fassaden. Die großen Glasfassaden hinter den Toren springen ein Stück weit ins Gebäude, sodass sich überdachte Bereiche auf den anschließenden Terrassen ergaben.
Der bis unter den First reichende Zentralraum ist Teil des Wohnbereichs, doch auch die Erschließung über Treppen und Stege in den beiden oberen Geschossen ist hier angeordnet. Im Erdgeschoss schließt zur einen Seite ein privaterer Teil des Wohnbereichs an, auf der anderen Seite befinden sich Küche, Bad und Garderobe. Im Obergeschoss liegen beidseits „Mini-Suiten", bestehend aus Schlafzimmer, Ankleide und jeweils eigenem Bad. Die beiden Räume im Spitzboden sind als Lager vorgesehen.

Die Architekten zum regionalen Bezug

Auf dem Darß wie in ganz Mecklenburg gibt es immer wieder alte Bauernhöfe, oft sogenannte Hallenhäuser oder einfache Scheunen, die als Stallung oder als Wohnhaus, Arbeitsplatz, Speicher und Stall in einem benutzt wurden. Was wir für den Entwurf übernommen haben, ist die Einfachheit der Form, die

rechte Seite oben Versetzt angeordnet bilden die drei „Scheunen" ein imposantes Trio.
rechte Seite unten An beiden Traufseiten wurden zweigeschossige Schiebeläden angeordnet, die wesentlich zur Assoziation von Scheunen beitragen.

Reduktion auf die wesentlichen Funktionen, eine einfache Konstruktion und die ganz verschieden großen Räume. Das Dielentor ist dabei immer ein sichtbares Zeichen für ein solches Haus. Die sehr engen Grundstücke haben uns hier bewogen, die Häuser ohne Dachüberstand, hoch, über drei Ebenen zu bauen. Dabei können die großen Tore das Haus sehr weit öffnen. Hierdurch entsteht ein großer „Dielenraum", an den sich die anderen Räume anlagern, die von hier aus auch erschlossen werden. Alle Bauteile entsprechen dieser Reduktion auf das Wesentliche von Funktion und Konstruktion – und das erzeugt eine besondere Ästhetik. Es geht nicht darum, etwas bunt und lieblich zu machen, sondern darum, zu verstehen, was Wohnen ausmachen kann.

Besonderheiten des Projekts

Es ist immer wieder bemerkenswert, wie wenig ausreicht, um einen bestimmten Bautypus darzustellen, aber auch, wie schnell diese Darstellung durch ein Zuviel verunklart werden kann. Die drei Möhring'schen Häuser nimmt man aufgrund ihrer reduzierten Form und der typischen Tore unmittelbar als „Scheunen" wahr. Dabei biedert sich der Entwurf der Bauform nicht an, sondern verändert sie selbstbewusst. Auch die Rolltore sind nicht nur Schau, sondern erfüllen einen Zweck.
Auch die zur Scheunen-Symbolik passende Konzeption des Innenraums überzeugt. Fast ein wenig schade ist lediglich die hier aus wirtschaftlichen Gründen erforderliche Verdreifachung des Entwurfs – als Solitär oder als Teil eines Ensembles aus drei unterschiedlichen „landwirtschaftlichen" Gebäuden wäre er noch besser zur Geltung gekommen.

linke Seite Die holzbekleideten Giebelseiten lassen sich mit materialgleichen Schiebeläden homogen schließen.
unten Auch der zentrale haushohe Innenraum mit beidseitig angrenzenden, geschossweise unterteilten Bereichen passt zur Scheunenmetapher.

oben links Skulptural erschließen Treppen und Stege die Obergeschosse, ohne die Offenheit des zentralen Raums zu stören.
links Wie aus einem Guss wirkt die Konstellation aus Dusche, Waschbecken und Toilettenabtrennung in den Bädern im Obergeschoss. Im Hintergrund das zugehörige Schlafzimmer.

Projektdaten

Wohnfläche je 116 m² zzgl. Terrassen

Baustoffe

- Wände: Kalksandstein und Stahlbeton
- Fassaden: hinterlüftete Holzfassaden mit flächenbündigen Schiebeläden; Reetfassaden
- Dacheindeckung: Reet (Rohrdeckung)
- Innenwandoberflächen: Gipsputz mit Silikatanstrich
- Fußböden: massive Eichendielen, geölt
- Fensterrahmen: Holz

Beheizung: Gasbrennwertherme; Fußbodenheizung

Fotos: Stefan Melchior (Projektfotos), Anne Kemmling (S. 118 o.)

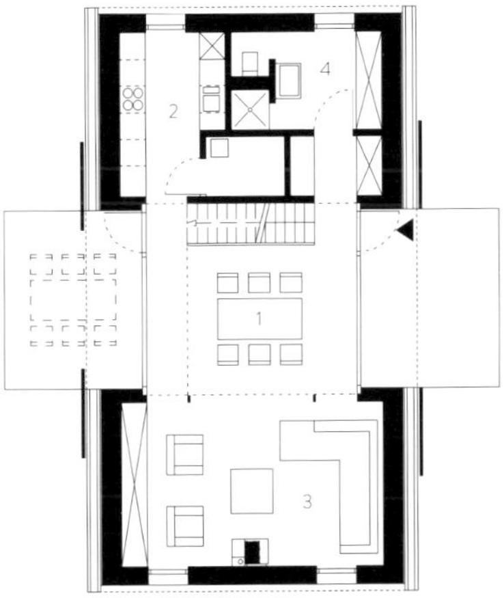

Erdgeschoss

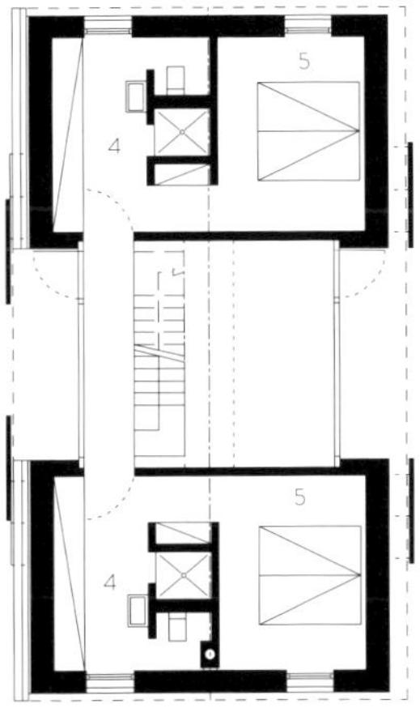

Obergeschoss

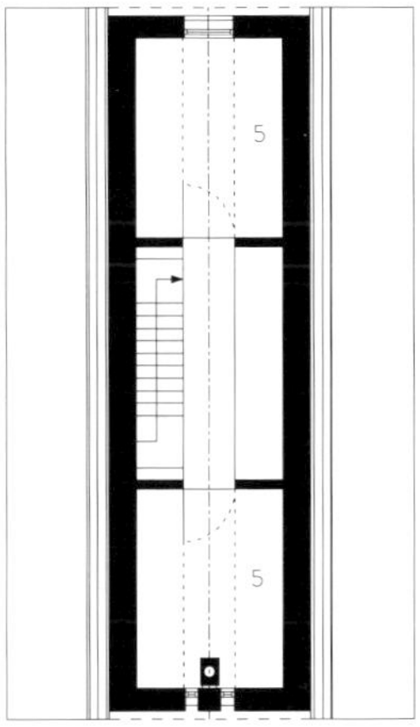

Spitzboden

1 Essen
2 Kochen
3 Wohnen
4 Bad/WC
5 Zimmer

Schnitte

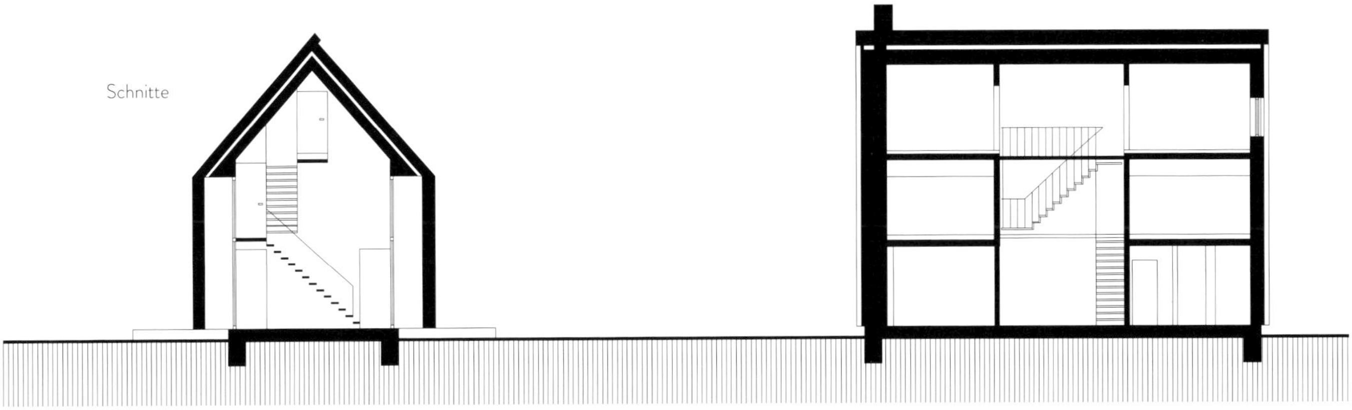

Regionaltypisches Bootshaus

SCHWEBEND UND ERDVERHAFTET

Holzhaus am Schliersee/Oberbayern

VONMEIERMOHR ARCHITEKTEN, Schondorf

Als hätte man ein großes Bootshaus vom Ufer ein Stück auf Land gezogen, steht auf einem Wiesengrundstück unweit des Schliersees ein neu gebautes Holzhaus, sichtlich modern und dennoch ganz in der Tradition regionaler Bauten. Der Entwurf knüpft einerseits an die typischen Bootshäuser an, andererseits übernimmt er das Motiv der sogenannten Rauchkuchln.

Der Entwurf

Auf den ersten Blick ein schlichter Kubus mit Satteldach, auf den zweiten fast schon eine Skulptur aus mehreren Schichten, die sich je nach Bedarf mannigfach umgestalten lässt. So wird die Assoziation vom Bootshaus nicht nur durch ein zweiseitig umlaufendes, einige Stufen über dem Geländeniveau liegendes Holzdeck geweckt, sondern auch durch große Schiebeläden, die im Erdgeschoss geschosshoch sind und an Tore erinnern. Sie erfüllen hier weniger die Funktion klassischer Fensterläden, sondern ermöglichen vielmehr den über seine gesamte Breite und übereck raumhoch verglasten Wohnbereich ganz nach Belieben ein wenig zu schließen, Einblicke zu unterbinden, ohne sich dabei jegliche Ausblickmöglichkeit zu nehmen. Durch einen deutlichen Abstand zwischen Glasfassade und Lauflinie der Läden wirkt der wahrgenommene Innenraum auch bei vorgeschobenen Läden nochmals größer als er eigentlich ist.

rechts Durch das umlaufende Holzdeck scheint das Haus beinah über seinem weitläufigen Grundstück zu schweben.

oben Die Treppe ist im Stil einer „Himmelsleiter" angelegt, vom Podest aus hat man Ausblick nach draußen und über die Küche in den Wohnraum.

Dieser Raum nimmt bis auf zwei Nebenräume das gesamte Erdgeschoss ein und wird gegliedert durch zwei Sichtbetonkuben mit gestockten Oberflächen. Der zentral gelegene Kubus beherbergt eine halboffene Küche und einen offenen Kamin. Er trennt gleichzeitig eine lauschige „Kuschelecke" vom Gesamtraum ab. Der zweite Kubus zoniert zwischen Essplatz und Eingangsbereich und bietet in seinem Inneren ein komplettes Duschbad mit Gästetoilette. In beide Betonkerne des Holzhauses ist eine Wandheizung integriert, die durch die hohe Wärmespeicherfähigkeit zum behaglichen Wohnraumklima beiträgt.
Im Obergeschoss befinden sich die Schlaf- und Arbeitszimmer sowie ein bis unters Dach reichender Galerieraum.

Die Architekten zum regionalen Bezug

Das neue Zuhause einer Fotografin und ihres Ehemanns ist behaglich und großzügig zugleich. Ausgerichtet auf die Berglandschaft, ist das Holzhaus mit klassischem Satteldach auf der Seewiese platziert und zweiseitig umgeben von einem Holzdeck, das die Assoziation an ein Bootshaus weckt. Die Konzeption basiert auf einem einzigen Raum, der durch zwei warme „Steine" gegliedert ist, die in der Seewiese verankert sind und das Dach tragen. Sie enthalten die vier Elemente: Erde (Stabilität), Feuer (Wärme), Wasser und Luft.
In Anlehnung an die traditionellen Rauchkuchln der Bauernhäuser, die ursprünglichen Feuer- und Kochstellen mit großen Kaminen, nehmen diese „Steine" alle haustechnischen Funktionen auf: Küche und Kamine mit Abzügen, Bad mit kompletter Wasserinstallation, Wandheizung mit hoher Wärmekapazität zur Schaffung eines behaglichen Wohnraumklimas, Be- und Entlüftung über natürliche Konvektion in den „Steinen".
Die „Steine" werden im Boden durch Gründungspfähle fortgesetzt, die das Gewicht des Hauses auf festen Grund in 25 Meter Tiefe ableiten. Zusätzlich nehmen diese Pylone die Soleleitungen für die Wärmepumpe auf und schaffen damit eine Synergie zwischen Statik und Heizung.
Das Rauchkuchlhaus möchte – in Symbiose mit dem Dorf und der Landschaft – für die Bauherren eine neue, zeitgemäße, (wieder-)gefundene Heimat sein.

Besonderheiten des Projekts

Der Entwurf überführt gekonnt ganz Traditionelles in die Moderne und erzeugt durch die Verbindung des hier fast schon warm wirkenden Betons mit dem ruhig gehaltenen Holzhaus und seinen auf das Bergpanorama ausgerichteten Blickbezügen ein unprätentiöses, behagliches Wohnambiente. So harmonisch-kontrastierend wie Holz und Sichtbeton wurden hier der schwebende Charakter eines Bootshauses und die massive, erdverhaftete Anmutung eines historischen Rauchkuchlhauses miteinander verbunden.

oben Der sich zum Garten öffnende, durchgängige Raum im Erdgeschoss wird durch einen eingestellten Kubus und die beiden „Steine“ gegliedert.
unten beide Die skulpturale Sichtbetonküche nimmt das regional-traditionelle Motiv der Rauchkuchln auf.

oben Die mit Abstand vor die Glasfassade gesetzten hölzernen Schiebeelemente lassen Varianten von Offenheit und Geschlossenheit des Wohnraums zu.
rechts Die nahen Berge – in natura und abgelichtet – stellen die einzige Bebilderung der für sich sprechenden Architektur dar.

oben Charmante Detaillösung: Eine kleine Bibliothek unter der Dachschräge in einem der Zimmer im Obergeschoss.
oben rechts Die „Rauchkuchl" der Küche trägt im Obergeschoss das Dach und bietet auch hier einen kleinen offenen Kamin.
rechts In den zweiten „Stein" ist eine aparte Badenische eingefügt.

Projektdaten

Wohnfläche 230 m²

Baustoffe

- Wände: Holzrahmenkonstruktion mit zwei tragenden, aussteifenden Betonkernen; Zelluloseflocken-Dämmung; außenseitig und in Installationsebene Holzfaserdämmung; Vollholz-Geschossdecke
- Fassaden: Bekleidung aus stumpf gestoßenen, überwiegend vertikal orientierten Lärchenholzbrettern, unbehandelt
- Dacheindeckung: Metall
- Innenwandoberflächen: überwiegend Gipskarton, gespachtelt, weiß gestrichen; Sichtbeton, gestockt („Rauchkuchln")
- Fußböden: Flügelgeglätteter Zementestrich (Erdgeschoss), deutsche Douglasienholz-Dielen, gelaugt und geölt (Obergeschoss)
- Fensterrahmen: Lärchenholz
- Innenausbau/Einbaumobiliar: „Rauchkuchln" und Küche in Sichtbeton

Beheizung: Erdwärmepumpe, Wandheizung; offene Kamine in beiden Geschossen; kontrollierte Lüftungsanlage mit Wärmerückgewinnung

Fotos: Johannes Kottjé (Projektfotos), Architekten (S. 124)

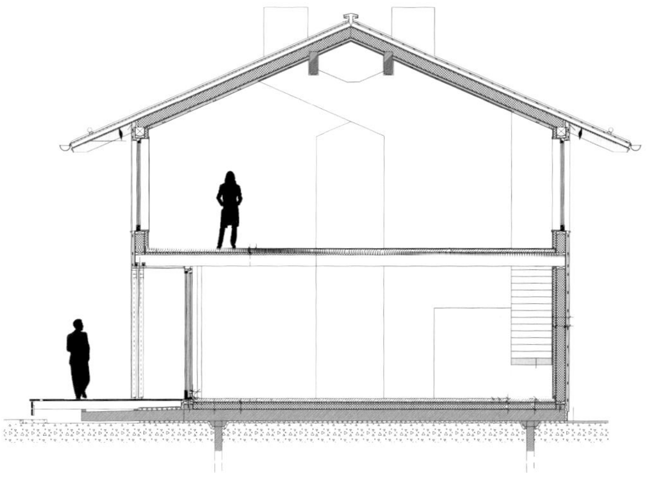

Schnitt

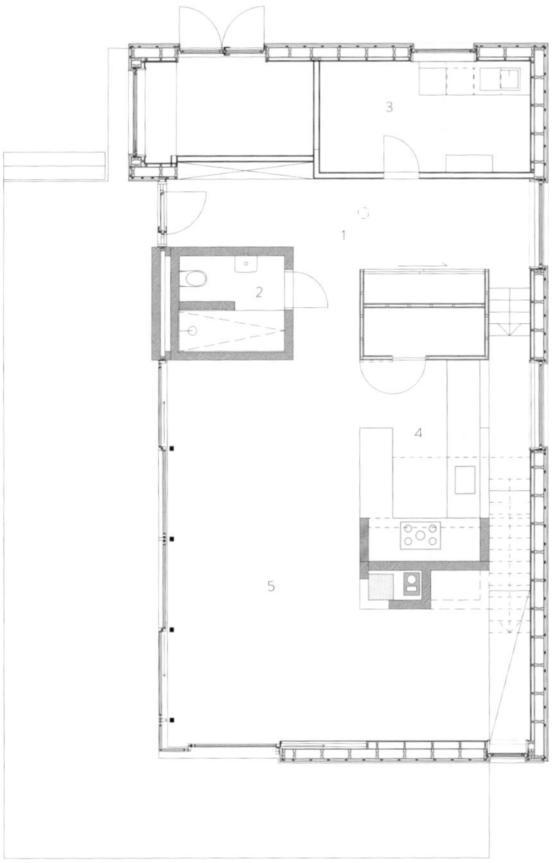

Erdgeschoss

1 Eingang/Garderobe
2 Bad
3 Hauswirtschaft
4 Kochen
5 Wohnen
6 Zimmer
7 Galerie
8 Ankleide

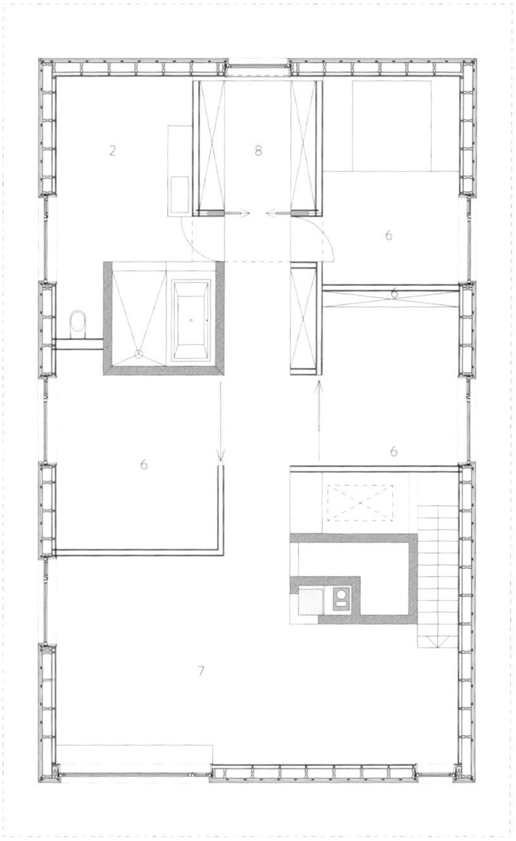

Obergeschoss

Historisches Chiemgau-Haus

BAUHAUS TRIFFT BAUFIBEL

Villa in Prien/Chiemgau

philipp architekten, Swen Bildhäuser, Untermünkheim

Einen puristischen Flachdach-Kubus im Stil der Klassischen Moderne – auch als Bauhaus-Stil bezeichnet – hätte der Bauherr gern gesehen, doch das gab die strenge Bauordnung am Chiemsee, die „Priener Baufibel", nicht her. Kein Wunder, betrachtet man die hier sonst übliche Architektur: weit auskragende Satteldächer auf sichtbaren Dachsparren, darunter mit Schnitzereien verzierte Holzbalkone, kleine Fenster mit Sprossen und Fensterläden.
Der realisierte Entwurf interpretiert diese klassische Bauform in der gewünschten Modernität neu. Er vermittelt warmen Charme und Geborgenheit einerseits, wohltuende Klarheit und lichte Offenheit andererseits, und verbindet so die Vorzüge traditioneller Architektur mit denen der Moderne.

Der Entwurf

Zentraler Bereich ist der bis unters Dach reichende Essplatz hinter einer zweigeschossigen Glasfassade. Er ist vor der als geschlossener Kern angelegten Treppe zum Obergeschoss angeordnet, die den gesamten Wohnbereich im Erdgeschoss in Essplatz, Wohnraum und Bibliothek gliedert. Die drei Zonen gehen ohne Innentüren und Wände offen ineinander über, jedoch

rechts Durch Kubatur und Dachform fügt sich das Haus bestens in die regionale Bebauung ein. Trotz großer Glasflächen blieb der Charakter klassischer Lochfassaden zumindest im Ansatz erhalten.

oben Vor dem Schlafzimmer findet sich eine Sonnenterrasse auf dem Dach der Garage.
rechte Seite Die Treppe unterteilt den Wohnraum, der einen Großteil des Erdgeschosses einnimmt, in verschiedene Bereiche, hier der lichtdurchflutete Essplatz hinter der zweigeschossigen Glasfassade.
unten Auch der farblich abgesetzte, hohe Drempel stammt aus der regionalen Bautradition.

jeweils übereck und mit relativ kleinen Berührungspunkten. Zudem sind sie in ihrer Materialität und Charakteristik jeweils unterschiedlich ausgebildet. So wahrt jeder Bereich eine gewisse Privatsphäre, die Bibliothek mit ihrer eingelassenen Sitznische eignet sich sogar als ruhiger Rückzugsort.
Dem Wohnbereich vorgelagert ist der großzügige Eingangsbereich mit unmittelbarem Durchgang zu Garage, Gästezimmer und Duschbad sowie zur Treppe in den Keller. Zwischen Eingangsbereich und Essplatz befindet sich die Küche, auch diese einerseits türlos offen, andererseits deutlich zurückversetzt in den eingeschossigen Bereich und somit vom Essplatz optisch entkoppelt. Eine hohe Theke mit filigran wirkender, hinterleuchteter Holzleistenfront dient wahlweise als Sichtschutz für den Arbeitsbereich oder als Bar zum gemütlichen Beisammensitzen oder Frühstücken. Das unkonventionelle Weinregal, bei dem die Flaschen parallel zur Wand liegen, ergänzt die feingliedrige Optik der Thekenfront. Es gehört zu den ebenso zweckdienlichen wie spielerischen Elementen des Hauses wie die erwähnte Sitznische oder ein kleines, in den Treppenunterbau eingelassenes Regal – Stücke, die dem Wohnambiente seinen besonderen Charme und seine Liebenswürdigkeit geben.
Hierzu gehört auch ein großes Aquarium, eingelassen in einen edlen Holzkorpus – nicht im Wohnbereich, sondern im Bad des Obergeschosses, Teil des abgeschlossenen Schlafbereichs. Von der Erschließungsgalerie mit kleiner Sitzecke gelangt man zunächst in eine Ankleide, deren Besonderheit in der vollverspiegelten Rückwand sowie der dachfensterähnlichen Lichtdecke besteht. Von hier geht es in das Bad und das relativ kleine Schlafzimmer, von beiden Räumen aus gelangt man auf die Dachterrasse oberhalb des Garagentrakts.
Dort steht man dann, nach einem Spaziergang durch dieses vielschichtige Haus, und ist begeistert, wie harmonisch, spannend und faszinierend die Architekten derart viele Anforderungen und Ausstattungsmerkmale in einem Entwurf verbunden haben.

Zum regionalen Bezug

Der Entwurf nimmt die charakteristische Chiemgauer Bauform auf: längsrechteckiger Baukörper und flach geneigtes Satteldach mit weit auskragendem Dachüberstand – jedoch in reduzierter, schnörkelloser Form, als weißer Kubus mit schwebend leichtem Dach. Zwei über das Hauptvolumen hinausgehende Bereiche – der Wohnraum und der Eingangsbereich mit Garage – sind eingeschossig mit flachen Dachterrassen ausgebildet und wahren so die ruhigen Proportionen und die städtebauliche

Maßstäblichkeit. Während sich das Erdgeschoss mit klassischer Putzfassade zeigt, ist das Obergeschoss mit rotbraunen Faserzementplatten bekleidet, äquivalent zu früher oft üblichen Holzbekleidungen der Obergeschosse. Das Dach setzt sich durch seine glatte Eindeckung und die extrem schlanke Ansichtskante des weiten Überstands von seinen formalen Vorbildern ab.

Ansonsten als klassische Lochfassade ausgebildet, beinhalten die Außenwände zum Garten hin ein breites zweigeschossiges Fensterelement, das bis unter die Plattenbekleidung des Obergeschosses reicht und somit noch nicht als die Fassade „aufreißender" Stilbruch wahrgenommen wird.

Ein ähnlicher Balanceakt zwischen klassischer Geschlossenheit und moderner Offenheit gelang im Inneren, wo die Vorzüge einzelner, geschlossener Räume und Zimmer mit der Großzügigkeit eines fließenden Grundrisses verbunden wurden.

Besonderheiten des Projekts

Der Baustil im Chiemgau ähnelt sich seit Jahrhunderten, eine Weiterentwicklung scheint es bei flüchtigem Hinsehen kaum gegeben zu haben. Doch dieser Eindruck täuscht: So einheitlich sich das Gesamtbild auch zeigt, im Detail hat jede Generation der traditionellen Bauform ihren eigenen Stempel aufgedrückt. Was sollte also dagegensprechen, sie auch in der Moderne des 21. Jahrhunderts neu zu interpretieren?

Die Architekten stellten sich der Herausforderung und entwarfen ein Einfamilienhaus, das sowohl den Bauherrn wie die Baubehörden vollends zufriedenstellte. Es gibt sich eindeutig als Bauwerk unserer Zeit zu erkennen, fügt sich aber dennoch wesentlich besser in die Bebauung ein als manches künstlich „auf alt gemachte" Gebäude.

oben In der Dämmerung erzeugt der sonst dezente, filigran horizontal gegliederte Küchenblock Baratmosphäre.

links Die Idee zu dem ungewöhnlichen Weinregal links im Bild brachte der Bauherr aus Südafrika mit.

oben Im rückwärtigen Teil des Wohnbereichs ist die Bibliothek des Bauherrn samt charmanter Leseecke untergebracht.

Projektdaten

Wohnfläche 235 m² zzgl. 183 m² Keller

Baustoffe

- Wände: Holzrahmenkonstruktion mit Holzfaserdämmung
- Fassaden: Putz; Faserzementplatten
- Dacheindeckung: Tonziegel, glattflächig, rechteckig geschnitten
- Innenwandoberflächen: Gipskarton, gespachtelt, weiß gestrichen
- Fußböden: Feinsteinzeug; Nussbaumparkett
- Fensterrahmen: Holz
- Innenausbau/Einbaumobiliar: diverse Einbaumöbel nach Entwurf der Architekten

Beheizung: Erdwärmepumpe; Fußbodenheizung

Fotos: Johannes Kottjé (Projektfotos), www.haus-waldwinkel.de (S. 132)

links Ein ungewöhnlicher Ort für das große Aquarium ist das Badezimmer.

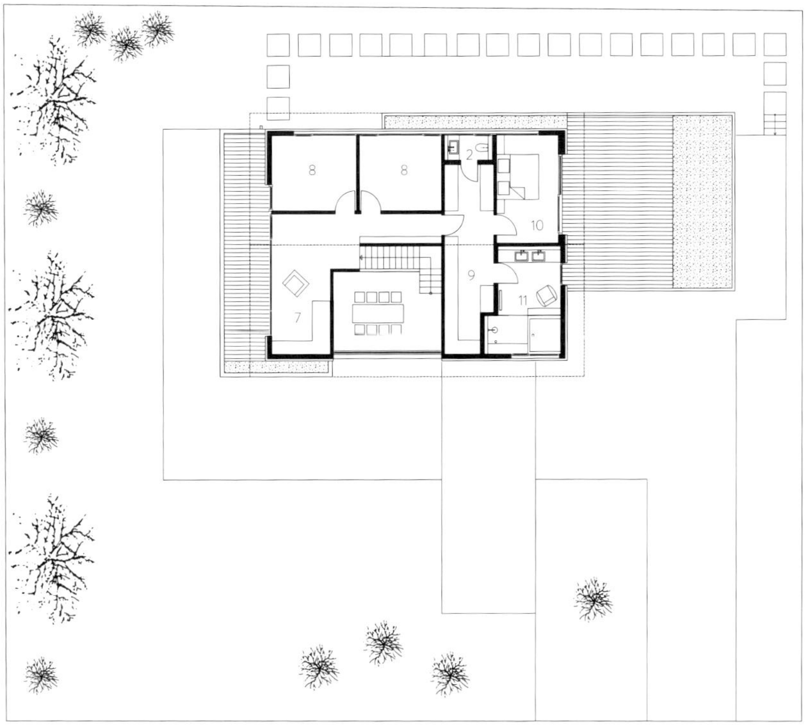

Obergeschoss

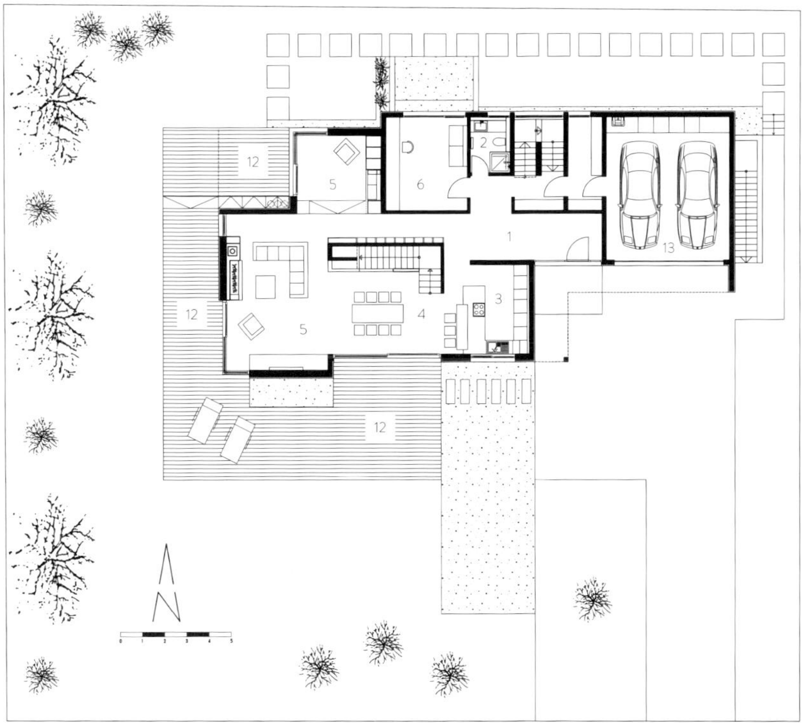

Erdgeschoss

1 Eingang
2 WC
3 Kochen
4 Essen
5 Wohnen
6 Gast
7 Galerie
8 Zimmer
9 Ankleide
10 Schlafen
11 Bad
12 Terrasse
13 Garage

Typisches Bregenzerwälderhaus

ÜBERZEUGEND KOMBINIERT

Wohnhaus mit Einliegerwohnungen im Bregenzerwald (Österreich)

juri troy architects, Wien/Bregenz (Österreich)

Eigentlich beabsichtigten die Bauherren, zwei Häuser auf dem schwierig zu bebauenden Hanggrundstück zu errichten: eines als privates Wohnhaus und eines mit Appartements zur Vermietung an Feriengäste. Architekt Juri Troy schlug vor, beides unter einem Dach zu vereinen, um Grundstücksfläche und Kosten zu sparen, eine klare Trennung beider Einheiten bei kürzesten Verbindungswegen zu erhalten und ein Bauvolumen zu schaffen, das mit den traditionellen Bregenzerwälder Häusern vergleichbar ist.

Der Entwurf

Nach außen zeigt sich der Baukörper monolithisch über einem markant polygonalen Grundriss, den der Architekt analog zur Grundstücksform konzipierte. Die beiden unteren Geschosse schieben sich rückwärtig in den steilen Hang, wodurch hangseitig ein ebenerdiger Zugang zur als Erdgeschoss definierten dritten Ebene entsteht.

Erdgeschoss und Dachgeschoss nehmen die Wohnung der Bauherren auf, stehen gleichsam als Einfamilienhaus auf dem in den Hang geschobenen Sockel, der drei Ferienappartements, Garagenstellplätze und Kellerräume bietet. Die Wohnräume gruppieren sich dabei um ein zentrales Treppenhaus. Mehrere vollverglaste Loggien und die Zugänge – talseitig im untersten Geschoss, hangseitig zur Wohnung der Bauherren – sind aus dem kristallinen Baukörper herausgeschnitten.

Die Wohnküche und die zugehörige große Loggia im Erdgeschoss öffnen sich nach oben bis unters Dach, nutzen hierzu die Abseiten des Dachgeschosses. Ergänzt wird diese Verzahnung der beiden Geschosse durch schräg gestellte Drempel: Die unteren Räume werden von kleinen, asymmetrischen Satteldächern abgeschlossen, die Schlafräume darüber seitlich von schräg gestellten Wänden unterhalb der Dachschrägen begrenzt. Ebenso markant: die meisten Innenoberflächen zeigen das Konstruktionsmaterial des Hauses, Massivholz aus der unmittelbaren Umgebung, das in mehrfacher Hinsicht die CO_2-Bilanz des Hausbaus optimierte. Ein gesamtheitliches Energiekonzept vervollständigt die Nachhaltigkeit des Gebäudes, das mittels Fernwärme vom örtlichen Biomasseheizwerk beheizt wird. Das „Energiedach" liefert durch optimale Ausrichtung zur Sonne Warmwasser und elektrische Energie über 15 Quadratmeter Solarthermiekollektoren und über 112 Quadratmeter flächenintegrierte Photovoltaikmodule. Die Fassade aus Fichtenschindeln – ebenso traditionell wie modern und nachhaltig – ist durch horizontale Fensterbänder gegliedert.

Die Architekten zum regionalen Bezug

Größe, Dachform und Materialität orientieren sich am Vorbild des traditionellen Wälderhauses, jedoch in einer zeitgemäßen Interpretation. Durch die Verwendung von großteils eigenem Holz aus dem benachbarten Wald, die Beauftragung von Firmen aus der direkten Umgebung und den Einsatz von regionaltypischen Verarbeitungsmethoden – wie dem Schindeln der Fassade – konnte der Bezug zu den traditionellen Bauformen auf zeitgenössische Art und Weise zusätzlich verstärkt werden.

Besonderheiten des Projekts

So exzellent wie unaufdringlich kombiniert der Entwurf Tradition und Moderne. Dies bezieht sich nicht nur auf die Architektur, die eine klassische Bauform – gratlos geschliffen und mit fließenden Übergängen zwischen einigen der Innenräume –

oben Die Wohnung der Bauherren nimmt die oberen beiden Geschosse ein, die untere Etage wird hangseitig ebenerdig erschlossen.
rechts In den beiden Hanggeschossen finden sich zwei Einliegerwohnungen, Garagen und Nebenräume.

oben Der schräge Drempel ist Teil der Raumkonzeption im Geschoss darunter.
rechte Seite Der Wohnraum öffnet sich bis in den Drempel und wird hier über mehrere Dachflächenfenster zusätzlich belichtet, wodurch ein beinah schon sakrales Raumgefühl entstand.
unten rechts Das faszinierende Panorama ist der übereck durchgängigen Fensterfront mit niedriger Sitzbank zu verdanken.
unten In den Treppenraum ist ein Arbeitsplatz integriert, belichtet über ein Dachflächenfenster.

neu interpretiert. Auch die regionalen Materialien und ihre Verarbeitung geben sich klassisch und neuzeitlich zugleich – lediglich die Beweggründe für ihre Verwendung unterscheiden sich: Während man früher mangels Möglichkeiten nutzte, was die Natur der Umgebung hergab, macht Architekt Troy bewusst von anderen Möglichkeiten keinen Gebrauch, sondern filtert die naheliegenden heraus.

links Auch dieser Schlafraum öffnet sich in den Drempel.
rechte Seite beide Obwohl nahezu sämtliche Innenoberflächen holzsichtig ausgeführt sind, überwiegt lichtdurchflutete Leichtigkeit gegenüber einer dezenten Rustikalität.
unten links Die glatt gespachtelten Oberflächen im Bad harmonieren perfekt mit der natürlichen Maserung des Holzes der Dachschräge.
unten Detail des Treppenraums mit harmonischer Kombination zweier Hölzer.

oben Detail des überdachten Hauseingangs.

Kellergeschoss

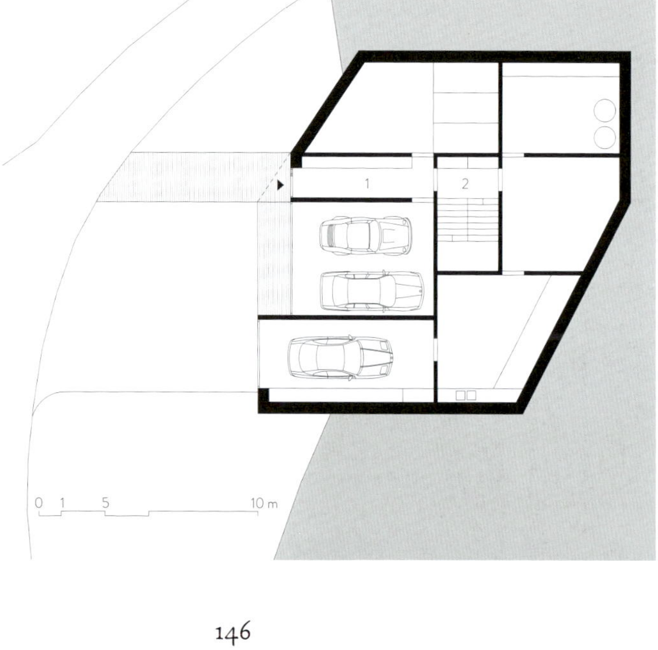

Hanggeschoss

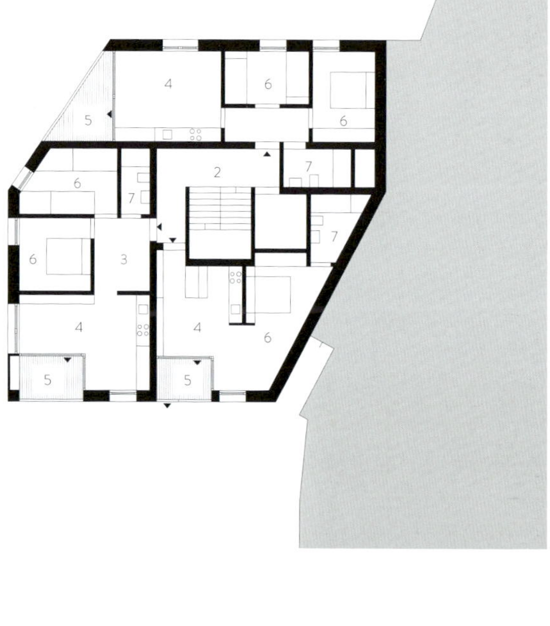

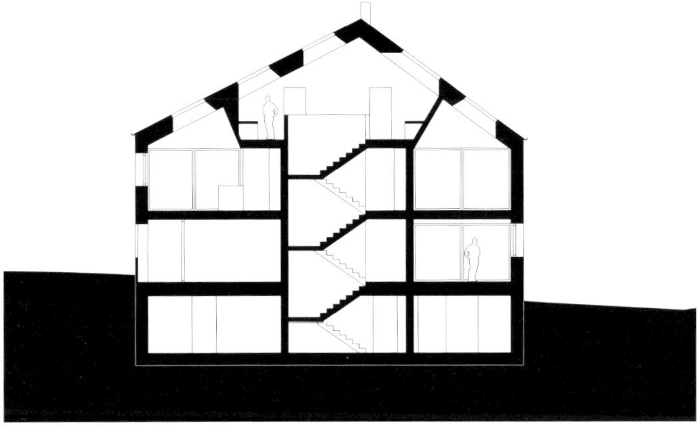

Schnitt

Projektdaten

Wohn- und Nutzfläche 541 m²

Baustoffe

- Wände: Massivholzkonstruktion, hoch wärmegedämmt
- Fassaden: Fichtenschindeln
- Dacheindeckung: Dachziegel schwarz; Photovoltaikmodule
- Innenwandoberflächen: Oberfläche der Massivholzkonstruktion (Fichtenholz)
- Fußböden: Eichenparkett
- Fensterrahmen: Holz

Beheizung: Biomasse-Nahwärmenetz; Holzofen; Solarthermie zur Wassererwärmung

Fotos: Studio 22 (S. 141); Juri Troy (S. 140, 142 u. re., , 144 u. re., 146), Jörg Seiler / Velux (S. 142 o., 142 u. l., 143, 144 o. und u. li., 145)

Obergeschoss

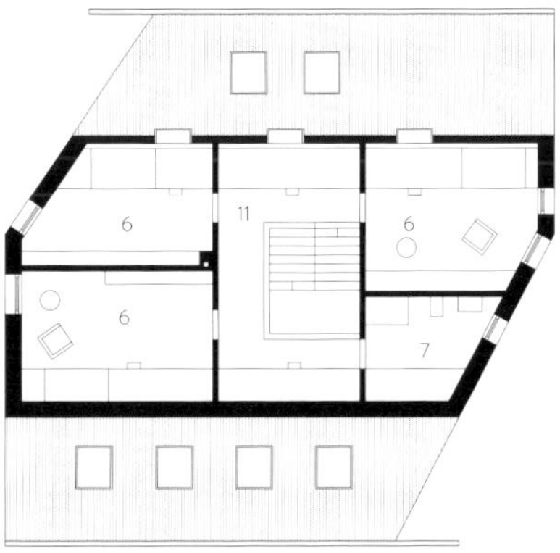

1 Eingang
2 Treppenhaus
3 Diele
4 Wohnen/Essen/Kochen
5 Loggia
6 Zimmer
7 Bad
8 Hauswirtschaft
9 Essen/Kochen
10 Wohnen
11 Arbeiten
12 Garage

Erdgeschoss

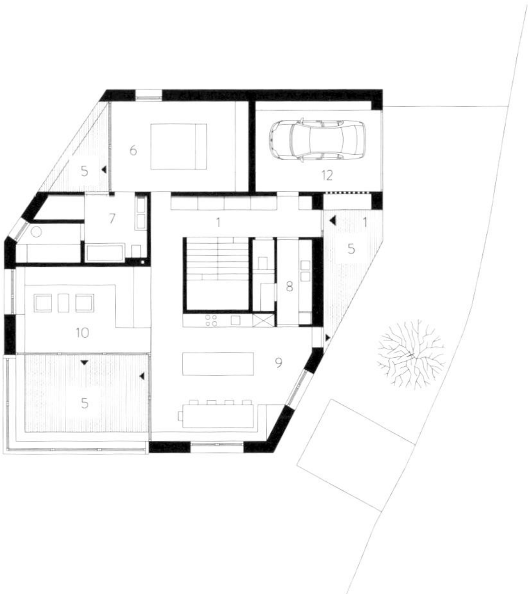

Alter Hof in der Holsteinischen Schweiz

ZWISCHEN DORF UND NATUR

Landhaus in der Holsteinischen Schweiz

Mißfeldt Kraß Architekten, Lübeck

Individuell abgestimmt auf das Grundstück in Randlage eines Dorfs in der Holsteinischen Schweiz plante Architekt Hauke Kraß ein Wohnhaus, das sich gestalterisch an regionale Bauernhöfe anlehnt und maßstäblich dezent einfügt. Durch Abweichen vom rechten Winkel fließt der Außenraum um die beiden miteinander verbundenen Baukörper und erzeugt immer wieder neue Blickbezüge und Situationen. Das Haus öffnet sich zur Landschaft, bietet jedoch auch geschlossene, geborgene Rückzugsmöglichkeiten. Beide Baukörper unterscheiden sich deutlich in Materialität und Innenraumambiente.

Der Entwurf

Als dreieckige Restfläche entpuppte sich die in schönstem Makler-Deutsch als „exklusives Naturgrundstück" angepriesene Parzelle. Architekt Hauke Kraß und seine Frau waren von der Lage zwischen Ort und Landschaft dennoch angetan und erwarben den Bauplatz – ergänzt um eine angrenzende große Wiese. Aus heutiger Sicht war der ungewöhnliche Zuschnitt ein Glücksfall, denn er führte zu einem hervorragenden Entwurf mit zwei Satteldachbaukörpern, die eben nicht, wie man es erwarten würde, im rechten Winkel zueinander stehen.

Das mit einer typisch norddeutschen Ziegelfassade bekleidete Wohnhaus ist parallel zur östlichen Grundstücksgrenze angeordnet. Sein Erdgeschoss wird überwiegend von einem großen, übereck verlaufenden Wohn- / Essraum mit offener Küche eingenommen. Große, bodentiefe, aber bewusst nicht durchgängige Fenster holen die Landschaft ins Haus und lassen sie im Wechsel der Jahreszeiten wirken. Wände und Böden kommen bei so viel natürlichem Farbspiel mit einer dezenten Gestaltung aus: grauer Sichtestrich, weiße Wände und Decken.

oben Den Winkel der hofartigen Anlage gab das Grundstück vor, rechts das zur Landschaft orientierte Haupthaus, links als stilisierte Scheune das Gästehaus mit Garage und Werkstatt.
rechte Seite beide Die Freiraumgestaltung war von Beginn an wichtiger Teil des Entwurfs. Die Terrasse und der Steg mit Sitzplatz greifen weit in die Landschaft.
Seite 150/151 Nach Osten hin öffnet sich das Haus zu den Feldern mit einem einzigartigen Blick auf die weite Landschaft.

oben Horizontale und vertikal orientierte Elemente finden sich ausgewogen komponiert.
rechte Seite beide Auf und unter der Galerie stehen unterschiedlich gestaltete Sitzgruppen zur Verfügung, im Obergeschoss verbunden mit dem Schlafbereich im Hintergrund.
unten Als „Scharnier" in der Ecke des Hauses verbindet der Essplatz die diversen Wohnbereiche im Erd- und Obergeschoss.

Als Galerie an den teils zweigeschossigen Wohnraum angebunden, befindet sich im Obergeschoss eine introvertiertere Sitzgruppe mit deutlich weniger Bezug nach draußen. In Bett oder Badewanne liegend, kann man jedoch wieder den Blick in die Landschaft genießen. Für die Fassade wählten die Bauherren bewusst einen grau-braunen Farbton, der besser mit der Natur verschmilzt als die gebräuchlichen roten Sichtziegel.
Über den eingeschossigen Eingangsbereich schließt das Nebenhaus an. Mit markant schwarz gestrichener Holzfassade ergänzt es das Wohnhaus als „Scheune" zur Hofanlage. Im vorderen Teil dieses Baukörpers bietet eine Gästewohnung mit großer Wohnküche, einem über eine zweiflüglige Schiebetür angebundenen Schlafraum und einem weiteren im Obergeschoss. Auch die Innenoberflächen sind in Holz gehalten, hier allerdings weiß lasiert. Im hinteren Teil bietet die „Scheune" eine Doppelgarage, darüber unterm Dach einen Werkstattraum.
Ganz unterschiedliche Freibereiche um das Ensemble ergänzen die Innenräume: zwischen den Baukörpern der dreieckige Hof, Terrassen vor den Südgiebeln der beiden Baukörper und nach Osten, zur Landschaft, eine lauschige Sitzbank, als deren Basis eine Wandscheibe aus dem Ziegel der Fassaden dient, sowie ein weiterer Hof, eher zum handwerklichen Arbeiten gedacht, auf der nördlichen Rückseite vor der Garageneinfahrt.
Ein Pelletofen erwärmt das Steinhaus. Er wird per Schwerkraft aus einem Pelletlager auf dem Dachboden beschickt. Das Holzhaus wird mit einem Scheitholzofen beheizt. Ein Pufferspeicher wird von beiden Öfen und einer Solarthermieanlage gespeist. Die unterseitig gedämmte Betonsohlplatte mit wassergeführter Betonkernaktivierung sorgt für ein hohes Maß an Strahlungswärme im Erdgeschoss des Haupthauses, das Obergeschoss und das Nebenhaus werden konventionell über Heizkörper versorgt.

Die Architekten zum regionalen Bezug

Die alten landwirtschaftlichen Anlagen der Region bestehen meist aus einem Wohnhaus in Sichtmauerwerk und den in Skelettbau errichteten Holzscheunen.
Diese Typologie nimmt der Entwurf auf. Die Gliederung in zwei Baukörper führt sie fort, ist hier aber auch der Maßstäblichkeit des Dorfs geschuldet. Das Wohnhaus ist in massiver Bauart mit Ziegelverblendmauerwerk erstellt. Das Nebenhaus, in dem eine Werkstatt, Lager und eine Ferienwohnung untergebracht sind, ist im Holzrahmenbau errichtet. Die Fassade besteht wie

oben Unterm Dach des Gästehauses hat sich der Bauherr eine großzügige Werkstatt eingerichtet.
oben rechts Auch Gästen steht ein Wohnraum mit Küche zur Verfügung, an dem im Hintergrund über eine zweiflügelige Schiebetüre, sowie über die Treppe Schlafräume anschließen.

viele Scheunen aus Fichte und ist mit Teerfarbe gestrichen. Die Dachdeckung ist aus einfacher Bitumenbahn. Innen zeigt sich eine Holzauskleidung.
Die Bepflanzung des Gartens und der umliegenden Bereiche folgt mit Buchenhain, Heckenrosen, Weiden dem Vorgefundenen und ergänzt in weiten Teilen verloren gegangene Strukturen. Pflastersteine, Kies und Kiesel stammen vom Feld und aus einer Kiesgrube der Gemeinde. Eine Wiese, auf der Schafe weiden, gehört ebenfalls zum dörflich gelegenen Gesamtensemble.

Besonderheiten des Projekts

Die besten Entwürfe entstehen gelegentlich durch den Zwang, sich mit scheinbar ungünstigen Ausgangssituationen auseinanderzusetzen und dafür unkonventionelle Lösungen zu finden. So war es auch hier, zumindest in Bezug auf die städtebauliche Konzeption und die Freibereiche. Im Inneren überzeugt der Kontrast zwischen dem luftig-lichten, betont schlicht gehaltenen Haupthaus und dem introvertierteren, unkonventionelleren Nebenhaus mit wärmerer Atmosphäre. Gelungen ist auch der Bezug zur regionalen Bautradition: Der Entwurf knüpft unprätentiös an diese an, gibt aber auch einem Betrachter, der die Region nicht kennt, keine Rätsel auf.

Projektdaten

Wohnfläche 150 m² (Haupthaus), 82 m² (Nebenhaus); zzgl. 95 m² Nutzfläche
Baustoffe
- Wände: Leichtbetonsteine mit gedämmten Kammern; Holzrahmenbauweise
- Fassaden: Backstein im dänischen Normalformat mit grauer, gebürsteter Fuge; Fichte-Leistenschalung, 11 cm breite Bretter, mit Kiefern-Teer gestrichen
- Dacheindeckung: Zinkdach mit individuell angefertigten Scharen und flächenbündig eingelassener Solarthermieanlage, Neigung 45°; Holzleistendach mit Bitumenbahnenabdichtung, zweilagig, Neigung 45°
- Innenwandoberflächen: Lehmputz mit Lehmfarbe; Birkenfurnier-Sperrholz
- Fußböden: mineralischer Spachtelboden, grau; Schurwolle-Teppichboden, grau; Eichendielen, massiv, weiß lasiert
- Fensterrahmen: Holz-Aluminium; Holz
- Sonstige wichtige Materialien: verzinkter Stahl für Sonnenschutz (Rahmen mit drehbaren Lamellen), Geländer und Stützen im Inneren

Beheizung: Pelletofen, Scheitholzofen, Solarthermieanlage; Pufferspeicher 1000 Liter; Bauteilaktivierung der Bodenplatte im Steinhaus, Heizkörper

Fotos: Johannes Kottjé (Projektfotos), Architekten (S. 148)

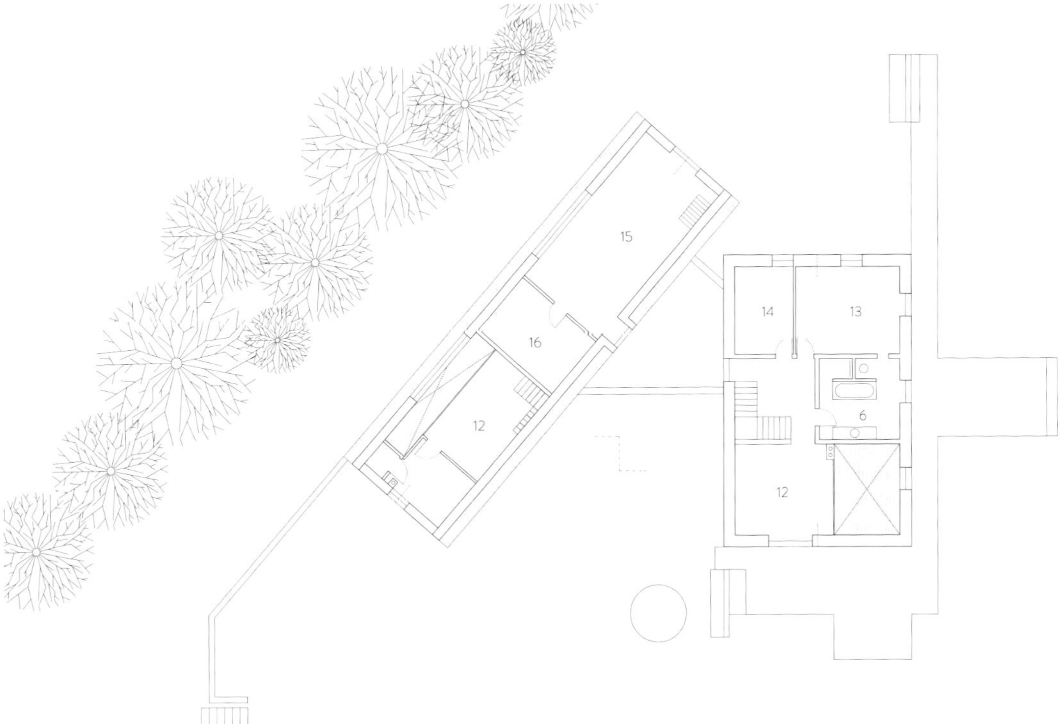

Dachgeschoss

1 Eingang
2 WC
3 Kochen
4 Wohnen
5 Essen
6 Bad
7 Arbeiten
8 Hauswirtschaftsraum
9 Heizung
10 Terrasse
11 Garage
12 Galerie
13 Schlafen
14 Gast
15 Werkstatt
16 Lager

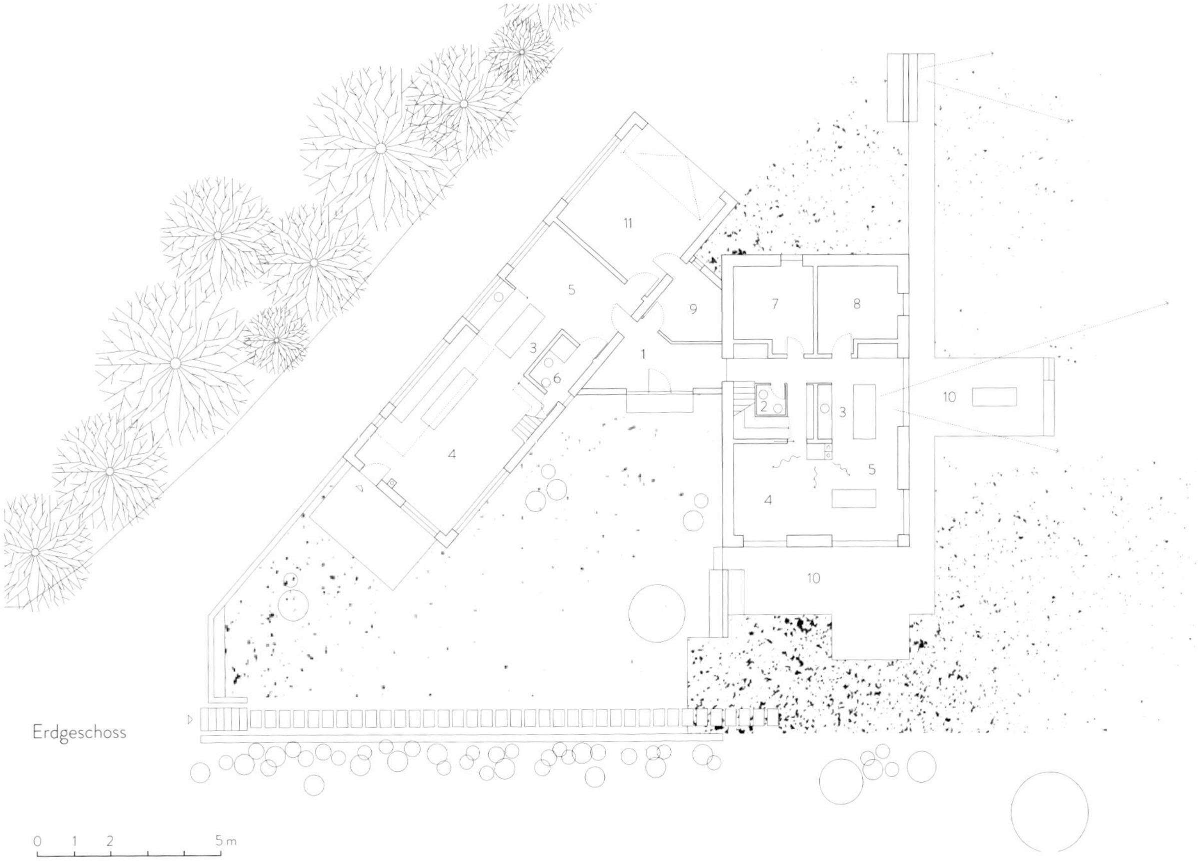

Erdgeschoss

ANHANG

ARCHITEKTEN- UND FOTOGRAFENNACHWEIS

Architekten

Arc Architekten Partnerschaft mbB
Brennecke-Kohlmeier-Leidl-Riesinger
Alfons-Hundsrucker-Straße 11
84364 Bad Birnbach
www.arcarchitekten.de
Seite 50–57

arcs-architekten
Dipl.-Ing. Architekt Christian Sandweger
Isabellastraße 26
80796 München
www.arcs.de
Seite 58–65

de+ architekten gmbh
Jan Dilling, Claudia Euler
Markgrafenstraße 86
10969 Berlin
www.dilling-euler.de
Seite 72–77

denzer&poensgen
Dipl.-Des. Innenarchitektin Andrea Denzer
Prof. Dipl.-Ing. Architekt Georg Poensgen
Zum Rott 13
53947 Marmagen
www.denzer-poensgen.de
Seite 26–31, 66–71

DÖMGES ARCHITEKTEN AG
Architektur und Stadtplanung
Boelckestraße 38
93051 Regensburg
www.doemges.ag
Seite 78–83

FELIPPI WYSSEN ARCHITEKTEN
Habsburgerstrasse 36
CH-4055 Basel
www.felippiwyssen.ch
Seite 112–117

HEKI Architektur
Dipl.-Ing. (FH) Architekt Hendrik Kircher,
Dipl.-Ing. Architektin, Stadtplanerin, Regierungsbaumeisterin
Daniela Kircher
Dorfstraße 19
97276 Margetshöchheim
www.heki-architektur.de
Seite 18–25

JBR PARTNER
Barbarastraße 1
48734 Reken
Haus Sentmaring 9
48151 Münster
www.jbr-partner.com
Seite 96–101

KITZMÜLLER ARCHITEKTUR ZT GMBH
Architekt DI Jürgen Kitzmüller
Rhombergstraße 9
A-6067 Absam
www.kitzmueller-architektur.at
Seite 32–37

Kühnlein Architektur
Sollngriesbacher Straße 4
92334 Berching
www.kuehnlein-architektur.de
Seite 90–95

k_m Architektur
Architekt DI Daniel Sauter
Glockengieße 2
A-6900 Bregenz
Schachen 148
CH-9414 Schachen bei Reute
www.k-m-architektur.com
Seite 84–89

Dipl.-Ing. Architekt Jens Meyerrose
Burgstraße 17
49716 Meppen
www.meyerrose.eu
Seite 102–105

Mißfeldt Kraß Architekten BDA
Prof. Dipl.-Ing. Architekt BDA Tobias Mißfeldt M.A.
Dipl.-Ing. Architekt BDA Hauke Kraß
Roeckstraße 11
23568 Lübeck
www.missfeldtkrass.de
Seite 149–157

Möhring Architekten
Dipl.-Ing Norbert Möhring
Bäckergang 2a
18375 Born
Schwedter Straße 34a
10435 Berlin
www.moehring-architekten.de
Seite 38–43; 118–123

philipp architekten GmbH
Wittighäuser Steige 2
74547 Untermünkheim
www.philipparchitekten.de
Seite 132–139

PÜFFEL ARCHITEKTEN
Dipl.-Ing. Architekt Frank Püffel
Kohlhökerstraße 53
28203 Bremen
www.pueffelarchitekten.de
Seite 106–111

roterpunkt architekten
Michael Waizenegger, Dipl.-Ing. (FH)
Freier Architekt
Untere Grabenstraße 3
88299 Leutkirch im Allgäu
Hirschgraben 15a
88212 Ravensburg
www.roterpunkt-architekten.de
Seite 44–49

juri troy architects
Schottenfeldgasse 72/2/12
A-1070 Wien
www.juritroy.com
Seite 140–147

VONMEIERMOHR ARCHITEKTEN
An der Point 1
86938 Schondorf
www.vonmeiermohr.de
Seite 124–131

Fotografen

Antje Hanebeck
www.antjehanebeck.de
Seite 58/59–65

Martin Henze
Steinmetzstraße 26
30163 Hannover
www.mittelgrund.com
Seite 103–104

Valentin Jeck
Ebnetstrasse 11
CH-8712 Stäfa
www.jeck.ch
Seite 112–117

Roswitha Kaster
Bahnhofstraße 19
54340 Riol
www.fotografin-riol.de
Seite 10

Anne Kemmling
www.meereszauberwald.de
Seite 38 o., 118 o.

Birgit Koell Fotografien
Maximilianstraße 6
A-6020 Innsbruck
www.birgitkoell.at
Seite 33–36

Rainer Mader
Alte Schule am Runden Baum 5
53937 Schleiden
www.rainermader.de
Seite 13, 26–31, 66–70

Stefan Melchior
Kloedenstraße 5
10965 Berlin
www.stefan-melchior.de
Seite 10, 15, 38/39–42, 119–122

Christian Schaulin
Atelier 1 OG
Borselstraße 9
22765 Hamburg
www.fotografieschaulin.de
Seite 51 u., 54, 55

Julia Schostok
Adlerstraße 2
88212 Ravensburg
www.furxerfotografie.com
Seite 45–48

Rudi Seifert
Dipl. Designer (FH)
Johann-Sebastian-Bach-Straße 3
91413 Neustadt/Aisch
www.rudiseifert.de
Seite 18–24

Jörg Seiler Fotografie
Emil-Schreiterer-Platz 6
50858 Köln
www.seiler-fotografie.de
Seite 142 li. o. und li. u., 143, 144 li. o. und li. u., 145

Erich Spahn
Greflingerstraße 1
93055 Regensburg
www.erich-spahn.de
Seite 79–83, 90/91–94

Studio 22
Fotoatelier
Marcel Hagen
Pontenstraße 22
A-6890 Lustenau
www.studio22.at
Seite 141

Die Fotos stammen von den genannten Fotografen und von Johannes Kottjé (johannes@kottje.de).

FSC® www.fsc.org
MIX
Papier aus verantwortungsvollen Quellen
FSC® C020353

Impressum

Verlagsgruppe Random House FSC® N001967

1. Auflage

Satz und Layout: Monika Pitterle/DVA
Lithografie: Helio Repro, München
Druck und Bindung: Neografia a.s., Martin-Priekopa/Slowakei
Papier: Profisilk

Printed in Slovakia
ISBN 978-3-421-03953-8

www.dva.de